GISELA SCHMALZ

Das kleine Buch der großen Fragen

GOLDMANN
Lesen erleben

2.000 Fragen an Dich, Deine Welt, Deine Feinde,
Freunde und geliebte Menschen.

GISELA SCHMALZ

DAS
kleine
BUCH
DER
GROSSEN
FRAGEN

Die
PERFEKTE
INSPIRATION
für richtig gute
Gespräche

GOLDMANN

Verlagsgruppe Random House FSC® N001967

1. Auflage
Originalausgabe November 2018
Copyright © 2018 by Wilhelm Goldmann Verlag, München,
in der Verlagsgruppe Random House GmbH,
Neumarkter Straße 28, 81673 München
Umschlaggestaltung: UNO Werbeagentur, München
Lektorat: Doreen Fröhlich
DF · Herstellung: KW
Satz: Bettina Stickel, ki36
Druck und Einband: Druckerei DZS Grafik, Ljubljana
Printed in Slovenia
978-3-442-15971-0
www.goldmann-verlag.de

Besuchen Sie den Goldmann Verlag im Netz:

INHALT

PROLOG: WER BIST DU?

In allen Angelegenheiten ist es hin und wieder sinnvoll, ein *Fragezeichen* hinter Dinge zu setzen, die man schon lange für selbstverständlich hielt.

Bertrand Russell

WOZU FRAGEN?

„Wer bist Du?" Diese Frage mit nur drei Wörtern sieht wie eine Minifrage aus – ist es aber nicht. „Wer bist Du?" zielt auf einen Menschen, eine Persönlichkeit, ein Labyrinth, ein eigenes Universum ab. Die Frage lässt sich nicht so einfach beantworten. Dafür ist sie viel zu groß. Sie ist so gigantisch, dass man sich ihr nur in vielen einzelnen Schritten nähern kann. Die Frage „wer bist Du?" wird für dieses Buch in 2000 Einzelfragen aufgesplittert. Gefragt wird nach dem Charakter, den Ansichten, den Gedanken, den Gefühlen, dem Leben, den Lieben und den Vorlieben einer Person. Jede Frage erforscht eine andere Facette der Persönlichkeit.

Mein Freund Philip zum Beispiel liebt es, Persönlichkeitsfragebögen auszufüllen und sich dabei auf spielerische Weise selbst zu erforschen. Also schrieb ich für ihn ein Buch voller Fragen, in die er sich hineinwerfen und in denen er sich aalen kann. Jede Frage, die er beantwortet, offenbart ihm mehr über sein Ich. Die Fragen animieren ihn zur hemmungslosen Selbstumkreisung, zum Pläneschmieden, zum Fantasieren, zum Kommunizieren und zum Flirten. Sie erweitern seinen Horizont. Sie überraschen ihn: „Siehst Du in der Gewohnheit einen Käfig oder ein Sprungbrett?" Sie laden ihn zum Experiment ein und dazu, öfter mal die Sichtweise zu wechseln – auch in Bezug auf sich selbst. Philip will verstehen, warum er auf andere Menschen oft so verschlossen wirkt, obwohl er eigentlich den Kontakt sucht – gerade zu dieser Frau, in die er sich sehr verliebt hat. Auch hofft er, durch eine Selbstbefragung zu begreifen, warum seine Vorgesetzten höflichen Abstand zu ihm halten, statt ihm eine Position mit mehr Personalverantwortung (bei höherem Gehalt) anzuvertrauen. Er will wissen, wer er ist, um leichter durch sein Leben navigieren zu können. Genau das wollte Philip immer, alles über sich erfahren, ohne dass andere davon erfahren. Das Schöne dabei: Die Antworten kann er, aber muss er nicht laut geben und auch nicht aufschreiben. Wirken werden sie trotzdem.

Dieses Buch beschreitet einen neuen Weg zur Selbstkenntnis – mit Fragen, die mal unverblümt und direkt sind („Wen belügst Du am meisten?"), aber auch poetisch („Was wärst Du als Duft?"), verspielt („Als was verkleidest Du Dich, damit Dich garantiert niemand wiedererkennt?"), praktisch („Welches Gericht kochst Du am liebsten?"), lebenspraktisch („Wie lautet Dein nächster aufregender Plan?"), hart („Entweder Du, oder hundert andere Menschen müssten sterben – wie entscheidest Du Dich?"), politisch („Wofür demonstrierst Du auf der Straße?"), philosophisch („Gelangt man mit Liebe zur Wahrheit?"), sexy („Was war Deine bisher schönste Verführungstaktik?") oder eher banal („Was wärst Du als Haarschnitt?").

Das Buch stellt Fragen zu allen möglichen und unmöglichen Situationen und Lebensbereichen. Wer sich darauf einlässt, wird mit seinen hellen, aber auch mit seinen dunklen Seiten konfrontiert. Fragende können tief, bis zum Grund ihres Seins, abtauchen und wieder aufsteigen, in die höchsten Höhen ihrer

Luftschlösser und Fantasiewelten. Dabei können fröhliche und traurige, vertraute und verunsichernde, besänftigende und aufrührerische Stimmungen hochkommen – aber auf keinen Fall kommt Langeweile auf. Keine Frage kratzt an der Oberfläche. Die Fragen erlauben, ein Auf und Ab der Gefühle zu erleben. Sie werden nie gedachte Gedanken auslösen. Die Fragen werden auch Dich führen, verführen, verwirren, verstören, verblüffen, anregen, aufregen und vielleicht sogar erregen. Die Fragen lösen einen Sog aus. Sie können Dich süchtig machen, so dass Du gar nicht mehr damit aufhören willst, in Dich selbst hineinzuhorchen. Frage für Frage wird Dich stärker aufwühlen und mitreißen. Du begibst Dich auf eine Achterbahnfahrt Deiner Gedanken und Gefühle, gehst also ein Wagnis ein. Sei auf ein Abenteuer mit Dir selbst gefasst, das wohl größte Abenteuer, das Du erleben kannst.

Mit Deiner Expedition durch dieses Fragebuch gönnst Du Dir ein einzigartiges Erlebnis, das Dich bannen und lange nicht loslassen wird. Du kannst alleine losziehen, aber auch Deinen Freund, Deine Liebespartnerin, Deinen Ehemann oder Deine Lieblingskollegin mitnehmen. Auch zu mehreren, im Freundes- oder im Familienkreis, lässt sich der Ausflug in die Welt des Ich antreten. Dabei entsteht ein neuartiges, spannendes Gesellschaftsspiel. Mit wem auch immer Du die Fragereise antrittst, sie wird turbulent. Und wie nebenbei kann es gelingen, der einen großen Frage „wer bist Du?" auf die Spur zu kommen.

DIE KUNST
DES FRAGENS

Von allen Fragen steht die Frage nach dem Ich am Anfang. Sich selbst zu kennen bildet die Voraussetzung zum Verständnis der Welt. So sahen das jedenfalls die Philosophen der Antike. Die Inschrift am Eingang des Apollontempels in Delphi, „gnóthi sautón" („erkenne Dich selbst"), aus dem 6. Jahrhundert v. Chr. lasen sie als Aufforderung dazu, sich mit sich selbst auseinanderzusetzen. Ihnen galt die Selbsterkenntnis als höchste Offenbarung, als Beginn der Weisheit. Nur wer sich selbst kenne, könne sinnvoll über sich und die Welt nachdenken. Der griechische Dichter Pindar verband die Selbsterkenntnis mit einer praktischen Empfehlung. In seiner „Zweiten Pythischen Ode" (um 490 v. Chr.) dichtete er „genoi' hoios essi mathón" („werde, der du bist, nachdem du gelernt hast [„wer du bist"]). Pindars Idee lautet also: Selbsterkenntnis führt zur Selbstwerdung. Um zu werden, wer man tief im Inneren ist, sollte man zunächst einmal wissen, wer man ist. „Wer bist Du?" ist daher die große Anfangsfrage, aus der sich alles Weitere ergibt.

Um sich kennenzulernen, kann der Mensch sich selbst befragen. Wer sich einmal selbst erforscht hat, kann dann – selbstbewusst(er) – auf den Rest der Welt zugehen und auch diese befragen. Die Selbstbefragung dient als Sprungbrett in die Welt.

Wer sich und der Welt Fragen stellt, schafft es mit jeder Frage besser, sein Leben selbstbestimmt zu gestalten. Wer die Phase der Selbsterforschung jedoch überspringt, erlangt keine Einsicht in sein Ich und seine Wünsche. Wer keine eigenen Vorstellungen von seinem Leben und für sein Leben hat, droht fremdbestimmt zu werden. Wer keinen Plan hat, für den machen andere die Pläne. Selbstkenner/innen sind aber sehr wohl fähig, ihr eigenes, originelles Leben zu führen und sich dabei fortwährend weiterzuentwickeln. Im Kontakt mit der Außenwelt wird das Ich immer mehr zum Ich. Die Reibung mit der Welt stärkt das Selbstbewusstsein.

Der griechische Philosoph Sokrates (469–399 v. Chr.) kannte die Inschrift des Apollontempels. In Gesprächen mit seinen Schülern bezog er sich auf das „Erkenne dich selbst". Im ständigen Ringen um Selbsterkenntnis sah Sokrates die wesentliche Voraussetzung für ein gelingendes Dasein. Dieses Ringen bedeutete für ihn aber zugleich, zu akzeptieren, dass es keine letzte Erkenntnis gibt. So etwas wie „Wahrheit" existierte für Sokrates nicht. Sogar oder gerade als Philosoph gestand er sich ein: „Ich weiß, dass ich nichts weiß." Das Credo des Nichtwissens prägte sein philosophisches Vorgehen. Es bildete der Ausgangspunkt für seine philosophische Methode des Fragens, die „Mäeutik". Zu dem Namen hatte ihn seine Mutter, eine Hebamme, inspiriert. „Maieutiké (téchnē)" bedeutet „Hebammenkunst". Bei der philosophischen Technik des Sokrates geht es darum, andere durch Fragen zu eigenen Einsichten zu führen. Als Lehrer übernahm Sokrates die Rolle der Hebamme, und seine Schüler spielten die Gebärenden. Jedes philosophisches Gespräch eröffnete Sokrates mit einer Frage, und er hielt es dann mit Fragen in Gang. Nie gab er sich mit einer Antwort zufrieden. Sokrates fragte weiter und weiter und brachte so sein Gegenüber dazu, immer wieder neu um Antwort zu ringen. Ein Antwortversuch ergab die nächste Frage, und die nächste Frage ergab den nächsten Antwortversuch. So hörte das Gespräch nie auf. Es kam nicht zum Ziel, fand zu keiner letzten Antwort.

Mit seiner Fragetechnik bewies Sokrates seine demütige Haltung vor allem, was ist, auch vor seinen Schülern. Der Philosoph tat nie so, als sei er wissender als seine Schüler. Im Dialog mit ihnen, gemeinsam statt einsam, arbeitete er die Unbeantwortbarkeit aller Fragen heraus. Sokrates, der große Fragende, demonstrierte, dass man alles und nach allem fragen kann. Damit provozierte er die Regierenden von Athen. Sie warfen Sokrates vor, mit seiner Wortverdreherei die demokratische Ordnung zu gefährden. Deshalb forderten sie seinen Tod. Von der Verteidigungsrede des Sokrates wissen wir von seinem wichtigsten Schüler Platon. In seinem dialogisch verfassten Werk „Phaidon" (387–367 v. Chr.) beschrieb Platon, wie Sokrates vor seinen Richtern auftrat. Sokrates stellte ihnen Fragen. Er sezierte ihre Antwortangebote und umkreiste sie wiederum mit Fragen. Vor Gericht sprach Sokrates so, wie er als freier Philosoph immer gesprochen hatte. Doch das Festhalten an seiner Fragetechnik bezahlte er mit dem Leben. Im Jahr 399 v. Chr. musste Sokrates vor den Augen seiner Freunde aus einem Schierlingsbecher mit einem hochgiftigen Doldengewächs trinken. Er starb. Aber seine Grundideen und seine Fragemethode blieben.

Platon, Xenophon und andere Schüler nahmen sich Sokrates' Bescheidenheit im Denken zum Vorbild. Heute nutzt man die sokratische Methode als didaktisches Mittel – vor allem in der Psychologie, in der Pädagogik und in der Lehre an US-amerikanischen Law Schools. In den übrigen Forschungsdisziplinen liegt der Schwerpunkt jedoch weniger auf der Formulierung von Fragen als auf dem Antworten über Beweislegung. Selbst in Sokrates' eigener Disziplin, der Philosophie, spielen das Fragen und der Dialog kaum noch eine Rolle. Abgesehen von den postmodern geprägten Philosophen begreifen zeitgenössische Philosophen ihr Fach eher wie eine Naturwissenschaft. Deren Methoden des empirischen und logischen Herleitens von Antworten prägen die Philosophie. Die Kunst des Fragens wurde aus der Philosophie verdrängt. Und nicht nur aus der Philosophie – das Fragen und das Infragestellen drohen derzeit aus der Gesellschaft zu verschwinden.

FRAGEN BEFREIEN

Zu fragen ist gerade nicht besonders populär. Wir leben in einer Zeit der Antworten. Für alles gibt es Belege und Beweise. Zahlen, Daten und Fakten werden als Wahrheiten deklariert, und diese übernehmen wir in der Regel. Klare Antworten spenden ein Gefühl von Sicherheit. Außerdem sind sie stets verfügbar. Antworten, wohin man blickt und klickt. Personen, die Kompetenz ausstrahlen, Ausbilder, Lehrerinnen, Wissenschaftlerinnen, Politiker, Talkshowgäste oder Marketingfachleute präsentieren uns Antworten, statt uns in das sokratische Spiel der Fragen einzuführen. Ob wir gefragt haben oder nicht – überall poppen Antworten auf. Vor allem digital erreichen sie uns, per Textnachricht, App, Website, Suchmaschine und über Smart Home immer öfter auch über Haushaltsgeräte wie zu heiße Lüfter oder zu leere Kühlschränke. Die vernetzten Maschinen wissen immer Bescheid.

Das Internet ist keine Frage-, sondern eine Antwortmaschine. Die Cookies und Logdateien der Datenanalysefirmen heften sich an unsere Spuren im Netz, speichern und analysieren sie. Deshalb kennen diese Firmen uns so genau – mit unseren Vorlieben, Gewohnheiten und Verhaltensweisen. Auf der Basis ihrer (= unserer) Daten schicken Digitalunternehmen uns genau die Wettervorhersagen, Verkehrswarnungen, Restauranttipps, Kauf- oder Freundesempfehlungen, die wir hier und jetzt brauchen. Wir müssen gar nicht danach fragen. Die Antworten sind stets schneller, weil die Maschinen unsere Fragen zunehmend besser antizipieren können. In einer hochdynamischen, komplexen Welt nehmen wir die hilfreichen digitalen Antworten dankbar an. Dadurch verlernen wir es kleine, aber auch große Fragen zu stellen. Wir nehmen uns weniger Zeit dafür, sinnvolle Fragen und Fragen nach dem Sinn zu formulieren. Wir hören auf, Aussagen und Vorgänge kritisch zu hinterfragen. Dabei ist Fragen menschlich.

Unsere Fähigkeit, Fragen zu stellen, unterscheidet uns von den antwortgebenden Maschinen. Fragen stehen jedem zur Verfügung und sind einfach zu bedienende Instrumente. Allerdings erfordert der Umgang damit ein wenig Übung und manchmal auch Mut. Das Fragen zu trainieren, hieße, das Denken, das immer auch ein Andersdenken ist, zu kultivieren. Es hieße, eine individuelle Perspektive auf die Welt einzuüben und zugleich verschiedene Perspektiven zuzulassen. Wer fragt, sollte bereit sein, sich überraschen zu lassen und sich für vielfältige Antworten öffnen. Fragende äußern ihre Lust am Unbekannten. Wer fragt, ist neugierig. Fragen signalisieren den Wunsch, sich mit etwas oder jemand Neuem oder sich neu mit etwas oder jemandem auseinanderzusetzen. Wer fragt, rüttelt an Bestehendem. Wer etablierte Gepflogenheiten und Ordnungen nicht einfach hinnimmt, sondern infrage stellt, begehrt gegen sie auf. Wer fragt, provoziert. Fragende sind immer auch Rebellen.

Fragende sind wie Kinder, und Fragen heißt, von Kindern zu lernen. Sie kennen keinen Respekt vor Autoritäten und deren Wahrheiten. Fragend bewegen sie sich durch ihre Welt und hören nicht auf, sie mit Fragen zu löchern. In jedem Kind steckt ein kleiner Sokrates. Sowohl das kindliche Fragen als auch das sokratische Frage-Antwort-Spiel spiegeln in ihrer beharrlichen Dynamik etwas ganz Vertrautes wieder – das Leben. Das Leben kennt weder Gewissheit noch Sicherheiten. Es fordert den Menschen stets aufs Neue heraus. Er muss innehalten und nachfragen, Antworten durchdenken und Lösungen ausprobieren, so lange, bis sie greifen. Doch schon bei der nächsten Herausforderung muss er erneut nachfragen. Stillzuhalten und zu schweigen bringt nicht weiter. Alles Festgeschriebene und Festgefahrene motiviert dazu, weiter zu ermitteln. Doch gerade in Krisenzeiten meiden Menschen die Herausforderungen. Statt zu fragen, halten sie sich lieber an bewährte Antworten. Sie scheuen sich davor, die bewährten Pfade zu verlassen. Vertraute Maximen und eingeübte Gepflogenheiten anzuzweifeln, würde sie nur noch mehr verunsichern. Doch gerade wenn es ungemütlich oder arg kompliziert wird, wäre es angebracht, nach den Ursachen für diesen Zustand zu forschen. Ein beunruhigender Status quo muss nicht nickend hingenommen werden. Im Gegenteil – in verfahrenen Situationen gilt es, zementierte Wahrheiten aufzubrechen. Eine Fragerebellion lohnt sich. Sie bereitet mögliche Auswege und beherztes Handeln vor. Nur wer fragt, kann Neues anstoßen. Fragen ebnen den Weg ins Freie. Sie befreien. Freiheit heißt, in Kenntnis seiner selbst die Welt zu erobern und sich darin eigenständig und verantwortungsvoll zu bewegen.

WER FRAGT, GEWINNT

Fragende kennen die Wahrheit nicht. Dennoch wissen sie viel mehr als jemand, der an einer Wahrheit festhält. Fragende wissen, dass sie nichts wissen. Für sie ist die Welt eine Einladung, sie zu erforschen, ein Geheimnis, das aufzuspüren, wenn schon nicht zu lüften ist. Fragende kreisen ein, was ihnen begegnet, ohne es jemals wirklich erfassen zu können. Sie ertasten etwas, aber ahnen, dass sie womöglich nie zu sicherem Wissen gelangen können. In ihrer Unwissenheit leben sie, und sie zelebrieren sie. Jede Frage ist für sie ein Fest. Allem und jedem geben Fragensteller/innen eine Chance. Für sie ist alles fragwürdig. Es gibt nichts, das ihrer Frage nicht würdig wäre. Fragen eröffnen ihnen einen Freiraum, in dem sie atmen können und in dem viel passieren kann, da sie hier Dingen, Themen und Menschen nahekommen können. Ernst oder Spiel, Anfang oder Ende, gute oder böse Überraschungen – alles Mögliche können Fragen auslösen. Wer fragt, nutzt die Chance, hinter die Antworten zu gelangen, dahin, wo sich Möglichkeitsräume auftun, wo Dialog, Spiel oder Tanz beginnen kann – Begegnung. Wer Fragen stellt, ist bereit, sich von etwas oder jemandem berühren zu lassen.

Der Duden definiert „Frage" als „Problem, zu erörterndes Thema, zu klärende Sache" und als „fordernde Äußerung, mit der sich jemand an jemanden wendet". Fragen erlauben eine Annäherung an die Welt und ihre Bewohner. Wie geht es Dir? Wie heiß ist die Sonne? Wann geht die Welt unter? Liebst Du mich? Liebst Du Dich? Fragen lösen etwas aus. Sie erlauben Tuchfühlung, aber kaum mehr. Statt sich plump anzueignen, was sie vorfinden, umkreisen sie es respektvoll. Fragende behaupten nichts. Sie kennen weder Richtig noch Falsch noch eindeutige Antworten. Von Gewissheit wissen Fragende nichts. Sie nehmen diese zumindest nicht besonders ernst. Jede Antwort löst bei ihnen Verwunderung aus und mindestens eine neue Frage. Fragenstellende nehmen Antworten und Wahrheiten aller Art zum Anlass, nachzuhaken. Ihr Lebensmodell ist ein ewiger Fragebogen. Fra-

gen öffnen Welten und Menschen. Sie helfen gegen Beschränkt-
heit. Sie befreien von pädagogischen, ideologischen, politischen
oder technologischen Unmündigkeitsprogrammen. Sie ebnen
den Weg aus der Verblendung. Fragen erlösen von Fremdbestim-
mung. Sie führen raus aus dem engen Antwortkosmos und aus
der Monotonie der Monologe. Eine Frage schlägt eine Brücke zu
anderem und zu anderen. Wer fragt, will die Einsamkeit durch-
brechen und andocken. Wer fragt, interessiert sich, will erfahren, hervorlocken, sich austauschen und auseinandersetzen. Wer
fragt, gewinnt nichts und doch alles.

FRAGEN UND SPIELEN

Fragen können explosive Kraft entwickeln. Sie schaffen eine
Nähe, nach der wir uns immer gesehnt haben, aber vor der wir
uns auch fürchten. Deshalb wühlt die Frage „wer bist Du?" eini-
ges auf. Wenn Du nicht möchtest, dass andere zu viel über Dich
erfahren, reise mit diesem Buch am besten allein, und befrage
Dich im Stillen, vielleicht machst Du Dir bei der Lektüre Notizen.
Du kannst die Fragen des Buches aber auch dazu verwenden, um
einen Dir nahestehenden Menschen besser zu verstehen. Durch
die Fragen entdeckst Du an Deiner besten Freundin, Deinem Ge-

liebten oder Deiner Lebenspartnerin ungeahnte Seiten. Du könntest die Fragen auch dazu nutzen, eine fast unbekannte oder nur flüchtig bekannte Person näher kennenzulernen, den Kollegen, die Nachbarin, den Fremden oder die Fremde von der Haltestelle oder aus der Bar. Du kannst die Fragen durchaus zum Flirten einsetzen. Dein frischer Schwarm oder Deine neue Freundin lassen sich genauso in ein intimes Fragespiel verwickeln wie Deine Ehefrau oder Dein Langzeitpartner. Das spielerische Fragen gelingt auch in der Gruppe, mit Freunden oder in der Familie.

Wer das Fragespiel mit vielen anderen spielt, knüpft an eine Tradition des ausgehenden 19. Jahrhunderts an. Ab etwa 1860 kursierten zunächst in den Großstädten New York, London und Paris Alben mit Fragebögen. In den Salons der Vornehmen und Gebildeten verliehen meist Frauen ihre Alben an Freunde und Verwandte mit der Bitte um schriftliche Antworten. Jenny Marx, die Tochter von Karl Marx, besaß so ein Fragealbum in englischer Sprache. Im Jahr 1865 animierte sie ihre Eltern und später auch Friedrich Engels dazu, Fragen nach ihrer Lieblingstugend, ihrem Lieblingsdichter, ihrer Auffassung von Glück oder ihrem Motto zu beantworten. Berühmt wurde der Fragebogen durch den französischen Schriftsteller Marcel Proust. Dieser erfand ihn nicht, beantwortete ihn aber gleich dreimal. Zwei Fragebögen beantwortete er 1887, einmal im Juni im zarten Alter von 15 und nochmals im September, als er dann 16 war. Im ersten, ihm gereichten, rot eingebundenen Buch „Confessions. An Album to Record Opinions, Thoughts, Feelings, Ideas, Peculiarities, Impressions, Characteristics of Friends" beantwortete Proust die 24 englischsprachigen Fragen in seiner Muttersprache.

Als „Lieblingsbeschäftigungen" gab er an: „Lektüre, Träumereien, Gedichte, Geschichte und Theater" und als „Vorstellung vom größten Unglück": „Von Mama getrennt zu sein". Der „Fehler, den er am ehesten tolerieren könnte", war für den 15-Jährigen: „Das Privatleben der Genies". Zur Frage, wer er gern sein wolle, notierte er: „Plinius der Jüngere". Dieser Anwalt und Senator in der römischen Kaiserzeit wurde der Nachwelt durch sein schriftstellerisches Werk bekannt, vor allem durch die Plinius-Briefe. Prousts Antworten, besonders die Plinius-Antwort, verraten den Ehrgeiz des jungen Franzosen. Und tatsächlich wurde er rund dreißig Jahre mit seinem Werk „Auf der Suche nach der verlorenen Zeit" zum weltberühmten Schriftsteller. Viele Antworten des zweiten Proust'schen Fragebogens von 1887 drehen sich um die Liebe. Es könnte sein, dass der sprachverliebte 16-Jährige auch in die Besitzerin des Fragealbums verliebt gewesen war. Seinen dritten Fragebogen füllte er 1891, während seiner Militärzeit im 76. Infanterieregiment in Orléans, aus. Proust, der Jungautor aus gutem Hause, nutzte die Gelegenheit, um mit den Eigentümerinnen der Fragebücher zu flirten und um sich mit ausgefeilten Antworten in der feinen Gesellschaft profilieren.

Bei dem Fragealbenspiel ging es weniger darum, die Psyche anderer Gesellschaftslöwen und -löwinnen auszuloten, als vielmehr darum, sich ihnen spielerisch vorzustellen und das Gespräch anzuregen. Deshalb bemühten sich die Salonteilnehmer/innen, auf die Standardfragen humorvoll und geistreich zu antworten. Die Gesellschaft sollte Spaß an den Fragen und den Antworten haben. Der Fragebogen bot ihnen einen Zeitvertreib auf höchstem Niveau. Auch dieses Fragebuch eignet sich als Gruppenspiel. Fragen können nach dem Zufallsprinzip gestellt werden. Im Kreis herum könnte ein/e Spieler/in nach der/m anderen irgendwo eine Seite aufschlagen, mit dem Finger blind auf eine Frage tippen und sie laut vorlesen. Jeder und jede in der Runde wird dann aufgefordert, sie zu beantworten. Werden alle mit derselben Frage konfrontiert, bleibt das Spiel ausgeglichen und fair. So kann jede/r das eigene Erleben mit den anderen teilen.

Eine neue Art von Miteinander entsteht. Auf einmal bekommen Gruppengespräche eine ungeahnte Tiefe. Wichtig ist es, bei einer Antwort nie bloß auf die Wörter zu achten. Der Klang der Stimme sowie Mimik und Gestik deuten auf das, was jenseits von Sprache passiert. Was löst diese Frage wirklich im befragten Gegenüber aus? In welche Stimmung versetzt sie die Person? Was fühlt sie tatsächlich? Ist sie sich selbst und den anderen gegenüber aufrichtig? Ist sie es nicht? Und wenn nicht, was genau hält sie davon ab? Irritiert sie der Inhalt der Frage oder eine bestimmte Person aus der Gruppe? Wer vor anderen um eine Antwort ringt, macht sich verletzlich. Es ist daher selbstverständlich, das Fragespiel rücksichtsvoll und mit Feingespür zu spielen. Wer sich gegenseitig befragt, nutzt eine außergewöhnliche Gelegenheit, anderen sehr nahe zu kommen. Ob allein, zu zweit oder in der Gruppe gespielt – wer sich für das vorliegende Fragespiel öffnet und zulässt, was immer dabei hochkommt, erfährt viel über sich und seine Mitmenschen.

In aller Welt, zu allen Zeiten und von allen Menschen können die hier präsentierten Fragen gelesen werden. Sie sind auch in drei, in zehn oder in hundert Jahren noch aktuell. Dann sieht die Welt schon wieder ganz anders aus – und die Fragen lassen sich neu beantworten. Dieses Fragebuch ist das ideale Geschenk für einen geliebten Menschen. Vor allem ist es das schönste Geschenk, das Du Dir selbst machen kannst: Du widmest Dich Dir und Deiner Frage „wer bin ich?"

Drei Kapitel strukturieren den Fragebogen:

I DU-SEIN
umfasst Fragen, die nur das Ich betreffen.

II DU UND DIE WELT
liefert Fragen zum Ich im gesellschaftlichen, politischen, wirtschaftlichen und kosmischen Zusammenhang.

II DU UND DIE ANDEREN
widmet sich dem Ich im Umgang mit anderen,
mit Fremden, Freunden, Familienmitgliedern,
Liebespartnern oder Liebespartnerinnen.

Der Fragebogen kann von vorne bis hinten durchgespielt werden. Je nach Interesse kann er gezielt bei einem bestimmten Thema oder einfach irgendwo aufgeblättert werden. Vergiss jetzt alle Dir bekannten Antworten. Vergiss, wer Du bist und wer Du sein willst. Schlage eine Seite des Fragebuchs auf – und tauche ein in die Welt der 2000 Fragen.

FRAGEBOGEN

DARF ICH IHNEN EINE
SEHR *persönliche Frage* STELLEN?
DAS MACHT DAS LEBEN DIE GANZE ZEIT.

Kurt Vonnegut
(God Bless You, Mr. Rosewater, 1965)

LEBEN SIE JETZT DIE *Fragen.* VIELLEICHT LEBEN SIE
DANN ALLMÄHLICH, OHNE ES ZU MERKEN, EINES FERNEN
TAGES IN DIE *Antwort* HINEIN.

Rainer Maria Rilke
(Briefe an einen jungen Dichter, 1908)

I

DU-SEIN

DU DU DU

Was gefällt Dir an Deinem Spiegelbild?

Du begegnest Dir selbst zum ersten Mal.
Wie ist Dein Eindruck?

Wie spiegelt sich Dein Inneres in
Deinem Aussehen?

Wen hast Du zuletzt geküsst?

Wen hättest Du lieber geküsst?

Was willst Du über Dich herausfinden?

Bist Du ein neugieriger Mensch?
Worin zeigt sich Deine Neugier?

Was hat Deine Neugier mit Gier zu tun?

Welches Smiley entspricht Dir am ehesten?

Was ist derzeit Deine größte Sorge?

In welchen Situationen hättest Du gern ein anderes
Geschlecht?

WER ODER WIE
WÄRST DU, WENN DU EIN ANDERES
Geschlecht HÄTTEST?

Was bedeutet der Mond für Dich?

In welcher Situation vergisst Du
alles um Dich herum?

WELCHES *Hobby* ÜBST DU AM HÄUFIGSTEN AUS?

(Wodurch) Bist Du leicht ablenkbar?

Eine fremde Person schüttet aus Versehen Rotwein auf Dein weißes T-Shirt. Wie reagierst Du?

Du steckst in einem Aufzug fest. Was machst Du, während Du auf Hilfe wartest?

(Was) Hast Du schon einmal auf die Wand einer öffentlichen Toilette geschrieben?

Wie viele Selfies hast Du schon gepostet oder verschickt?

Wie stark bist Du von der Anerkennung anderer abhängig?

Weinst Du eher bei schönen oder bei schlechten Erlebnissen?

Entscheidest Du eher intuitiv oder nach längerer Überlegung? Warum?

Welcher Deiner Träume kehrt immer wieder? Was bedeutet dieser Traum für Dich?

Was sagen Dir Deine Träume über Deine Lebenswirklichkeit?

AUF WELCHE DEINER LEISTUNGEN BIST DU BESONDERS STOLZ?

Welche drei Taten willst Du unbedingt noch vollbringen, bevor Du stirbst?

Was erfüllt Dich mehr, zu begehren oder begehrt zu werden? Warum?

Wann und wie bist Du ordinär?

Was ist Dein bevorzugtes Schimpfwort?

Was sind Deine drei größten Tugenden?

Was sind Deine drei größten Laster?

Welche Deiner Laster liebst Du, welche hasst Du?
Warum?

Was war die schwerste Krankheit, die Du je hattest?

Wovor ekelst Du Dich am meisten?

Was ist Dein dunkelstes Geheimnis?

WAS IST DEIN HELLSTES GEHEIMNIS?

Wann bist Du zu Dir selbst ehrlich und wann nicht?

(In welcher Situation) Hast Du heute schon gelogen?

Wie würdest Du Dich finden, wenn Du
Dir zufällig am Bahnhof begegnen würdest?

In welche/n Deine/r Lehrer/innen warst
Du verliebt? Wie prägt das Dein heutiges Verhalten
gegenüber dem anderen Geschlecht?

KANNST DU BESSER VON *Frauen*
ODER VON **MÄNNERN** LERNEN?
WARUM?

Was hast Du schon mal jemand anderem beigebracht?

Welche Krankheit hat Dich besonders geprägt? Wie?

Bist Du grundsätzlich eher zufrieden
oder unzufrieden?

Bist Du eher aggressiv oder friedlich?

Wie lässt Du Deine Aggressionen raus?

Wie zeigst Du Deine Gefühle?

WIRST DU *schnell* ROT?
WARUM?

Sehen oder hören?

Gold oder Silber?

Frühling, Sommer, Herbst oder Winter?

Nikolaus, Knecht Ruprecht, Christkind oder Engel?

Ostern, Weihnachten oder Geburtstag?

Ist Silvester oder ist Dein Geburtstag Dein
persönlicher Tag der Wahrheit?

Wie lautete Dein letzter Neujahrsvorsatz?

Wie wird Dein Neujahrsvorsatz für das
nächste Jahr lauten?

Du hättest nur zwei Wörter, um Dich zu beschreiben.
Welche wären das?

DEIN HAUS BRENNT. WELCHE DREI GEGENSTÄNDE
RETTEST DU? WAS SAGEN DIESE GEGENSTÄNDE ÜBER DICH AUS?

Glas, Stein, Holz oder Wasser?

Was wärst Du als Automarke?

Was wärst Du als Blume?

Was wärst Du als Maschine?

Was wärst Du als Fortbewegungsmittel?

Was wärst Du als Getränk?

Was wärst Du als Film?

Was wärst Du als Buch?

Was wärst Du als Musikstück?

Wer wärst Du in einer
Musikband?

WAS WÄRST DU ALS MÖBELSTÜCK?

Was wärst Du als Haustier?

Was wärst Du als Affenart?

DU DÜRFTEST

FÜR EINEN TAG

EIN

 *Ungeziefer*

SEIN.

WELCHES WÄRST DU

AM LIEBSTEN?

Welche Person würdest Du als Ungeziefer
am liebsten ärgern?

Was wärst Du als App?

Was wärst Du als Zeitalter?

Was wärst Du als Waffe?

Was wärst Du als Stadt?

Was wärst Du als Landschaft?

Was wärst Du als Zahl?

Was wärst Du als Schreibgerät?

WAS WÄRST DU ALS KUNSTWERK?

Was wärst Du als Haushaltsgerät?

Was wärst Du als Stoff?

Was wärst Du für ein Muster?

Was wärst Du als Wunder der Natur?

WAS WÄRST DU ALS
Sehenswürdigkeit?

Was wärst Du als Haarschnitt?

Was wärst Du als Sinnesorgan?

Was wärst Du als Musikinstrument?

Was wärst Du als Sammlung?

Was wärst Du als Familienmitglied?

Was wärst Du als Wetter?

Was wärst Du als Jahreszeit?

WAS WÄRST DU
ALS *Duft?*

Was wärst Du als Hunderasse?

Was wärst Du als Unkraut?

Was wärst Du als Gewürz?

Was wärst Du als Frucht?

Was wärst Du als Eissorte?

Was wärst Du als Süßigkeit?

Welcher Edelstein wärst Du?

Was wärst Du als Schmuckstück?

Was ist Dein liebstes Schmuckstück?

Mit welchem Schmuckstück beschenkst
Du Dich selbst?

Was wärst Du für ein/e Komiker/in?

Was wärst Du als Stockwerk eines Hauses?

WAS WÄRST DU ALS KLEIDUNGSSTÜCK?

Was für ein Laden wärst Du?

Was wärst Du als Spielzeug?

Was wärst Du als Spiel?

Was wärst Du als Feiertag?

Was wärst Du als Marke?

Was wärst Du als Wetterlage?

WENN DU WIE EIN ESSEN DUFTEN WÜRDEST,
WELCHES ESSEN WÄRE DAS?

Wie stehst Du zu sarkastischen Bemerkungen?

Woran erkennen andere, dass Du eher
zu Sarkasmus, zu Zynismus oder zu keinem
von beidem neigst?

Bist Du launisch? Woran liegt das,
und wie zeigt sich das?

WAS FINDEST DU
VÖLLIG *lächerlich?*
WARUM?

Ist es im Leben hilfreicher, gut auszusehen oder
klug zu sein? Warum?

In welchen Situationen ist Schweigen Gold?

Sollten alle Menschen rechnen können?

Was wärst Du als Rechenzeichen:
plus, minus, mal, geteilt, gleich, ungleich,
ungefähr gleich, größer als, kleiner als,
Potenzzahl, Wurzel aus, Bruchstrich, Klammer,
Prozentzahl, Summenzeichen,
Unendlichkeitszeichen?

Wie viel ist 781 + 375 x 2 = ?

Wie viel ist 784 : 14 = ?

(WARUM) NIMMT UNSER DENKVERMÖGEN MIT DER NUTZUNG DES INTERNETS AB?

Wofür würdest Du einen Haushaltsroboter einsetzen?

Liebst oder hasst Du Entscheidungen? Warum?

Gefällt es Dir ausgefragt zu werden,
oder stört Dich das?

Sagst Du häufiger „ja" oder „nein"? Warum?

Antwortest Du gern mit „vielleicht",
oder verlangst Du Dir meist eindeutige
Antworten ab? Warum?

Was trägst Du immer bei Dir? Warum?

Was ist Dein Lieblingswort?

Welches Wort magst Du am allerwenigsten?

Wie lautet das schönste Wort in Deiner Sprache?

WELCHES GERÄUSCH MAGST DU am liebsten?

Welches Geräusch magst Du am wenigsten?

Was magst Du an Dir am meisten?

Was magst Du an Dir am wenigsten?

Wie fühlt es sich an, Du zu sein?

Was macht Dich zu der Person, die Du bist?

(Warum) Solltest Du stets Du selbst bleiben?

In welchen Situationen bist Du nicht Du selbst?

Was ist Deine größte Begabung?

Wofür wirst Du am häufigsten gelobt?

Wofür würdest Du lieber häufiger
gelobt werden?

WAS MACHEN ANDERE DIR NACH? FREUT ODER
ÄRGERT DICH DAS? WARUM?

Welche drei Fähigkeiten hättest Du gerne?

Hältst Du Dich für intelligenter als andere Leute?
Woran merkst Du das?

Interessiert Dich Dein IQ?
Wozu würdest Du ihn gern wissen?

WAS KANNST DU *besser* ALS DIE MEISTEN ANDEREN MENSCHEN?

Was wäre für Dich die größte Strafe?

Welche Ziele willst Du in Deinem Leben auf jeden Fall noch erreichen?

Wie lautet der schönste weibliche Vorname?
Kennst Du jemanden persönlich, der so heißt?

Wie lautet der schönste männliche Vorname?
Kennst Du jemanden persönlich, der so heißt?

Magst Du Deinen Vor- und Nachnamen? Warum (nicht)?

Wie würdest Du lieber mit Vor- und mit Nachnamen heißen? Warum?

Nomen est omen?

Was wäre ein passender Künstlername für Dich?
Warum dieser?

Weinst Du hin und wieder gern?
Warum (nicht)?

Bist Du eher der sorgenvolle oder der
unbeschwerte Typ? Warum?

In welchen Situationen fällt es Dir sehr schwer,
über Deinen Schatten zu springen?

WER KANN DICH VERUNSICHERN?

Worin zeigt sich Deine Unsicherheit?

Wie kriegst Du Deine Unsicherheit in den Griff?

In welcher/n Hinsicht/en bist Du extrem?

WOFÜR

BRINGST DU

WAHRE

Leidenschaft

AUF?

Bist Du eher schludrig oder sorgfältig?

Wie bist Du, wenn Du unvernünftig bist?

WOBEI KANNST DU DICH SO *verlieren,* DASS DU DIE WELT UM DICH HERUM *vergisst?*

Magst Du den Klang Deiner Stimme?

Was würdest Du an Dir äußerlich gern verändern?

Worin bist Du ein Snob?

Fühlst Du Dich anderen überlegen? Wenn ja, warum/worin? Wenn nein, warum nicht?

In welcher Situation
(jenseits von Dusche und Badewanne …)
bist Du mit Dir selbst völlig im Reinen?

WAS MACHT DICH ZU DEM MENSCHEN, DER DU BIST?

Was bedeutet „Erfüllung"?

Als wer oder was würdest Du gern
wiedergeboren werden?

Liebst Du Dich selbst?

Welche/r Schauspieler/in könnte Dich in
einem Biopic am besten verkörpern?

Wer oder was bist Du am ehesten?

2

EWIGE JUGEND

Wärst Du gern nochmals das Kind, das Du warst?

Wie präsent ist Deine Kindheit in
Deinem Alltag?

Was war das erste Wort, das Du gesprochen hast?

Welches erste Wort hättest Du
gern gesprochen?

Was hast Du zu Deiner Einschulung angehabt?

Wie hieß Dein/e erste/r Klassenlehrer/in?

Was war das prägendste Ereignis in
Deiner Kindheit oder Jugend?

Ist die Jugend die beste Zeit des Lebens?
Warum (nicht)?

Wie warst Du als Jugendliche/r?

(Warum) Würdest Du Dich als Jugendliche/r
heute gern kennenlernen wollen?

Wärst Du lieber älter oder jünger? Warum?

Möchtest Du lieber 160 Jahre alt oder unsterblich
werden? Warum?

Was war bisher Dein schönstes Alter?

MIT MENSCHEN WELCHEN
ALTERS UMGIBST DU DICH HEUTE
am liebsten? WARUM?

IN WELCHEM **ALTER** IST EIN MENSCH *am attraktivsten?*

Bis zu welchem Alter stehen einem Menschen
alle Optionen offen?

Ist das Kind in Dir noch lebendig?
Woran merkst Du das?

Was ist das Großartigste an Kindern?

Welche kindlichen Eigenschaften hast Du
(... Dir bewahrt)?

Wer ist Dein Lieblingskind?

Welche Kinder magst Du nicht?

Welches Lob (D)eines Kindes würde Dich
am meisten beglücken?

Welche Kritik (D)eines Kindes würde Dich
am meisten verletzen?

(Wie) Verhältst Du Dich anders als sonst, wenn Kinder
in Deiner Nähe sind? Warum?

Das Kind aus welchem Roman oder Film hat Dich am
meisten beeindruckt?

WORIN KÖNNEN KINDER VORBILDER FÜR ERWACHSENE SEIN?

Du bist eine Hebamme. Welchem Kind würdest
Du am liebsten in die Welt helfen?

Sind Wunderkinder Dir sympathisch oder
unsympathisch? Warum?

Bist Du innerlich eher ein Kind oder
ein/e Erwachsene/r?

Was bedeutet Erwachsensein?

IST ES NÖTIG, ERWACHSEN ZU WERDEN? WARUM?

(Warum) Sind Kinder weiser als Erwachsene?

Was bedeutet für Dich Unschuld?

Kindern schreibt man Unschuld zu.
Kennst Du Erwachsene, die sich ihre Unschuld
bewahrt haben?
Worin zeigt sich deren Unschuld?

(Warum) Ist es sinnvoll, sich eine gewisse
Unschuld zu bewahren?

Was könnten wir von den Alten lernen?

Was könnten wir von den Jungen lernen?

Wann ist jemand alt?

Wo möchtest Du alt werden?

Was symbolisieren Zähne für Dich?

Wie gefällt Dir der Körper eines
alten Menschen?

IST DEIN KÖRPER ÄLTER ALS DEIN *Geist* ODER UMGEKEHRT?

Welches einzelne Wort fasst Dein
Leben zusammen?

Wenn jeder Mensch nur ein Alter hätte,
welches Alter hättest Du?

Wie verewigst Du Dich, um zu bleiben?

FARBE BEKENNEN

Wenn Du einen Dir unbekannten
Raum betrittst,
was nimmst Du zuerst wahr,
die Farbe und das Licht oder die Töne?

Welche Farbe hat die stärkste Wirkung auf Dich?
Wie wirkt sie auf Dich?

Welche Farbe kleidet Dich am besten?

Welche Farbe macht Dich hässlich?

Macht diese Farbe alle oder nur Dich hässlich?
Warum?

WELCHE FARBE MÜSSTE NOCH
ERFUNDEN WERDEN?

(Warum) Wärst Du gern einmal für einen Tag farbenblind?

Welche Farbe hat Dein Fahrrad?

Welche Rolle spielt die Farbe Deines Fahrrades für Dich?

Welche Rolle spielen Farben in Deinem Alltag?

Bunt oder schwarz-weiß?

Träumst DU IN FARBE
ODER SCHWARZ–WEISS?

Welche Farbe hat das perfekte Sofa?

WELCHE FARBE DOMINIERT
IN DEINEM
Kleiderschrank?

Welche Farbe dominiert in
Deiner Wohnung?

Welche Farbe spiegelt Deine Persönlichkeit?

Beurteilst Du Menschen nach ihrer Augenfarbe?

(Warum) Bevorzugst Du eine bestimmte
Augenfarbe?

Blond, braun, rot oder schwarz?

(Warum) Magst Du Leute mit bunten Haaren,
Piercings und Tattoos (nicht)?

Was wärst Du als Farbe?

Welche Farbe nimmst Du auf eine
einsame Insel mit?

Trägst Du oft Rot? Warum (nicht)?

In welchen Situationen trägst Du Rot?

In welchen Situationen trägst Du Weiß?

WELCHE FARBE HAT DAS GLÜCK?

Welche Farbe hat das Unglück?

Welche Farbe hat der Tod?

4
(DEINE) SCHÖNHEIT

Welche Bedeutung
haben schöne Gegenstände
in Deinem Alltag?

Was sind „schöne Gegenstände" für Dich?

(Warum) Besitzt Du schöne Gegenstände?
Welche?

Wie kann der Umgang mit schönen Dingen
einen Menschen schön machen?

(Was) Hat die Schönheit von Dingen mit ihrem
Preis zu tun?

WAS IST DAS SCHÖNSTE GESCHENK,
DAS DU JE BEKOMMEN HAST?

Was ist das schönste Geschenk,
das Du je jemandem gemacht hast?

Welche Rolle spielt Design in
Deinem Alltag?

Wer ist Dein/e Lieblingsdesigner/in?

WELCHE **PERSON** VERKÖRPERT FÜR DICH
pure Eleganz?

Was bedeutet Eleganz?

(Warum) Hat Eleganz eine
moralische Wirkung?

„Less is more" oder „More is more"?

Modisch oder klassisch?

Farbe oder Form?

Lange oder kurze Röcke?

~

WELCHE **BEDEUTUNG** HAT DIE FARBE
Weiß FÜR DICH?

~

Hat Schwarz eine besondere Bedeutung für Dich?
Welche?

(Warum) Trägst Du eine Sonnenbrille,
auch wenn die Sonne nicht scheint?

WELCHEM/R SCHAUSPIELER/IN SIEHST DU ÄHNLICH?
(WARUM) MAGST DU SIE ODER IHN?

DEN STIL welcher Person

HAST DU SCHON

KOPIERT?

WARUM?

Würdest Du Dich schönheitsoperieren lassen?
Wo? Warum?

(Warum) Wärst Du gerne dicker oder dünner?

Wer ist die schönste Frau, die Du je gesehen hast?

Wer ist der schönste Mann, den Du je gesehen hast?

WENN DU DESIGNER/IN WÄRST, FÜR WEN WÜRDEST DU GERN EIN KLEIDUNGSSTÜCK ENTWERFEN? WELCHES?

Was ist Dein Lieblingskleidungsstück?

Welches Kleidungsstück sollte jeder im Schrank haben?

Was ist Dein ältestes Kleidungsstück? Warum das?

Wenn Du nur ein einziges Kleidungsstück besitzen
dürftest, welches wäre das?

Wem schenkst Du Deine aussortierten
Kleidungsstücke?

Wie kleidest Du Dich, wenn es Dir gut geht?

Wie kleidest Du Dich, wenn es Dir
schlecht geht?

HAST DU EINEN *schwarzen*
PLASTIKANZUG
IM SCHRANK? WARUM (NICHT)?

In welcher Kleidung möchtest Du
begraben werden?

Für was an Deinem Äußeren bekommst
Du die meisten Komplimente?

Wie gehst Du mit Komplimenten um?

Wofür verdienst Du durchaus mehr Komplimente,
als Du bislang erhalten hast?

WAS AN ANDEREN **VERANLASST**
DICH DAZU,
Komplimente ZU MACHEN?

Welches äußere Erscheinungsbild
stößt Dich unmittelbar ab?

Was sind Deine persönlichen No-Gos in
Bezug auf Kleidung?

Für wie viel Geld würdest Du Dir eine
Glatze rasieren lassen?

Experimentierst Du mit Deinem Erscheinungsbild?
Warum (nicht)?

Worin zeigt sich Deine Eitelkeit?

In welcher Kleidung fühlst Du Dich extrem sexy?
Wann trägst Du sie?

In welchem Outfit sieht Dein/e Liebste/r für
Dich am schönsten aus?

WAS HÄLTST DU VON PARTNERLOOK?

(Warum) Wird Mode unter- oder überschätzt?

Welchen Sinn hat Mode für die Menschen?

Was bedeutet Mode für Dein Leben?

Welchem Modelabel entspricht Dein
Stil am ehesten?

Wie schön
FINDEST DU DICH?

Bei der Ausübung welcher Sportart fühlst
Du Dich schön?

Gegen wessen Gesicht
würdest Du
Dein Gesicht eintauschen?

Den Körper welches Menschen
hättest Du gern?

Du gestaltest Deinen eigenen Avatar.
Wie sieht er aus? Wie heißt er?

Was ist für Dich der schönste Spiegel?

Was bedeutet Schönheit?

Siehst Du oft die Schönheit in
Menschen oder Dingen, die andere übersehen?

Was macht Dich schön?

Was tust Du, um der Welt mehr
Schönheit zu schenken?

WOHNEN UND BETTEN

Wie sieht Dein Traumhaus aus?

Aus welchem Material besteht Dein Traumhaus?

In welcher Farbe streichst Du
Dein Traumhaus?

(Wofür) Bewunderst Du Architekten?

Wer ist Dein/e Lieblingsarchitekt/in?

Was verkörpert Dein Zuhause für Dich?

Wie wäre es für Dich, in einem Haus
ohne rechte Winkel zu leben?

Welche Farbe würde in Deiner Wohnung
niemals vorkommen?

Welches Material hat das perfekte Sofa?

Sitzt oder liegst Du lieber
auf einem Sofa?

Wer oder was ist Dein/e liebste/r Begleiter/in
auf Deinem Sofa?

WOHNUNG ODER HAUS? WARUM?

Balkon oder Garten? Warum?

Flachdach oder Spitzdach? Warum?

Was bedeutet für Dich Gemütlichkeit?

Was ist Dein Lieblingsort in
Deiner Wohnung?

WIE SIEHT FÜR DICH DER
ideale ARBEITSPLATZ AUS?

Würdest Du lieber zu Hause arbeiten?
Warum (nicht)?

Von welchem Fenster Deiner Wohnung hast Du den
schönsten Blick nach draußen?

WAS SIEHST DU,

WENN DU AUS DEINEM

Lieblingsfenster

HINAUS SCHAUST?

Welche Sitzgelegenheit magst
Du am liebsten?

Beschreibe Dein Schlafzimmer.
Welche Bedeutung hat es für Dich?

BETTEST DU DICH AUF SEIDE? WARUM (NICHT)?

Welcher Raum Deiner Wohnung spiegelt Dich
am ehesten? Warum der?

Sind Dir Ordnung und Sauberkeit
in Deiner Wohnung wichtig?
Warum (nicht)?

Räumst Du gern bei Dir zu Hause auf? Warum (nicht)?

Welche Hausarbeit verrichtest Du am liebsten,
und welche verabscheust Du? Warum?

Machst Du gern in Deiner Wohnung sauber?
Warum (nicht)?

Was gefällt Dir sehr an Deinen Mitbewohnern/innen
und was weniger?

Wie erzeugst Du in Deinem Zuhause Harmonie?

SPÜRST DU, WENN **MÖBEL** AN EINER
falschen Stelle IM RAUM STEHEN?
WORAN?

Stellst Du Deine Möbel mehr als einmal im Jahr um?
Warum (nicht)?

Kann man jederzeit bei Dir klingeln und
Dich besuchen? Warum (nicht)?

Wann hast Du das letzte Mal spontan
eine/n Freund/in besucht?

Braucht jede Wohnung ein Gästezimmer?
Warum (nicht)?

Was zeichnet eine/n gute/n
Gastgeber/in aus?

Was kennzeichnet einen guten Gast?

Wer ist Dein liebster Gast?

Wer ist Dein/e liebste/r Gastgeber/in?

Bist Du lieber Gast oder Gastgeber/in? Warum?

PARTY ODER KLEINES ABENDESSEN?

Was schließt Du auf jeden Fall ein,
wenn Besuch kommt?

Was schließt Du auf jeden Fall ein,
wenn Du verreist?

(Warum) Möchtest Du Dein Zuhause
jederzeit aus der Ferne per Video
beobachten können?

Wer hat einen Schlüssel zu
Deiner Wohnung?

Zu wessen Wohnung besitzt Du die Schlüssel?

In wessen Wohnung bist Du lieber
als in Deiner eigenen? Warum?

DEINE WOHNUNGSTÜR FÄLLT ZU,
UND DEINE SCHLÜSSEL UND DEIN TELEFON
LIEGEN DRINNEN. WAS MACHST DU?

Was ist Dein Lieblingsplatz draußen
in der nächsten Umgebung
Deines Zuhauses?

HEIMAT

Woran denkst Du spontan,
wenn Du an Heimat denkst?

Hat Heimat mehr mit Kind- oder mehr mit
Erwachsensein zu tun?

Wonach riecht Deine Heimat?

Was liebst Du an Deiner Heimat am meisten?

Welche Landschaft verbindest Du mit Heimat?

Welches Essen verbindest Du mit Heimat?

Welches Souvenir symbolisiert Deine Heimat
am ehesten?

Welcher Gegenstand symbolisiert für Dich Heimat?

Was bedeutet Tradition für Dich?

Wen lädst Du dazu ein, mit Dir Deine Heimat
zu besuchen? Wozu?

(WIE) ÄNDERT SICH
Heimat FÜR DICH?

Worin liegt der Unterschied zwischen
Heimat und Zuhause?

Könnte man mehrere Zuhause gleichzeitig haben?
Warum?

Wo ist für Dich Dein wahres Zuhause?

Welche symbolische/n Erinnerung/en an
Deine Herkunft hast Du bei Dir zu Hause?

Welchen Gegenstand willst Du auf gar
keinen Fall verlieren?

Welcher Mensch bedeutet Heimat für Dich?

Muss man die Heimat unbedingt verlassen?

Was ist schöner, von zu Hause abzureisen oder
zu Hause anzukommen?

Was bedeutet Ankommen für Dich?

WIE HOLST DU DIR HEIMAT IN DEIN LEBEN?

Ist „Ankommen" Starre oder Bewegung?
Warum?

Kann Heimat auch belasten? Warum?

Wie erfreut und wie belastet
Deine Heimat Dich?

In welcher Gegend fühlst Du Dich
so wohl, dass Du sie gegen Deine Heimat
eintauschen würdest?

Könntest Du Dir Deine Heimat auch anderswo
als auf der Erde vorstellen? Wo?

Was käme für Dich nie als Heimat in Frage?

Was bedeutet für Dich Heimat?

Woran erkennst Du Heimweh?

WARUM VERTEIDIGEN MANCHE MENSCHEN IHRE HEIMAT
GEGEN GÄSTE ODER ANDERE, DIE AUCH DIESE HEIMAT HABEN
WOLLEN UND DESHALB BLEIBEN MÖCHTEN?

Welche drei Nachteile von Heimat
fallen Dir ein?

KENNST DU Heimatlosigkeit?

WAS BEDEUTET SIE FÜR DICH?

Braucht Heimat ein Territorium?
Warum (nicht)?

Können auch Menschen eine Heimat sein?
Welche Menschen sind das?

Für welche/n Menschen bist Du Heimat?

7

LEBEN GESTALTEN

Hast Du ein tägliches Ritual? Wie sieht es aus?
Wer kennt es außer Dir?

Worauf kannst Du Dich sehr gut konzentrieren?

Was treibt Dich jeden Morgen aus dem Bett?

Schiebst Du unangenehme Aufgaben vor Dir her,
oder packst Du sie gleich an?

~

WELCHE *Aufgaben* ERLEDIGST
DU ZUERST, WELCHE ZULETZT UND WELCHE
GAR NICHT?

~

(Warum) Bringst Du Aufgaben immer zu Ende?

(Wozu) Machst Du Dir To-do-Listen?

Ist es Dir wichtiger, Optionen offen zu halten
oder einen genauen Plan und eine Aufgabenliste
zu besitzen? Warum?

(Warum) Neigst Du eher dazu, genaue Pläne
zu schmieden oder zu improvisieren?

Womit bist Du in Deinem Leben bisher eher
weitergekommen, mit Selbstorganisation oder mit
Anpassungsvermögen?

Welche Rolle spielen Deine Neujahrsvorsätze
jetzt noch?

SAGST DU ODER SAGEN EHER ANDERE
EINE GEPLANTE *Verabredung*
KURZFRISTIG AB? WARUM?

Leistest Du oft mehr, als man von Dir erwartet,
oder nur so viel, wie Du unbedingt musst?
Warum?

Macht es Dir mehr Freude, Erwartungen zu erfüllen
oder Erwartungen zu boykottieren?
Warum?

Welche Rolle spielt Perfektionismus in
Deinem Leben?

Womit vergeudest Du Deine Zeit?
Welche Vorteile hat das?

Gehst Du gern den Weg des geringsten Widerstands?
(Warum) nicht?

Was ist Dir wichtiger, das Suchen oder das Finden?
Warum?

Ist Dein Leben von Routine oder von
ständiger Abwechslung geprägt?
(Warum) Wäre es Dir anders lieber?

SIEHST DU IN DER GEWOHNHEIT EINEN KÄFIG ODER EIN
SPRUNGBRETT? WARUM?

Wem oder was gehst Du aus dem Weg? Warum?

Wie behältst Du Deinen roten Faden im Leben?

Was kommt für Dich zuerst:
Leben oder Nachdenken? Warum?

Wie leicht fällt es Dir, cool und
konzentriert zu bleiben,
wenn Du unter Druck stehst?

Wer oder was könnte Dich einschüchtern?

Was könnte Dich bei Entscheidungen und
beim Handeln blockieren?

Wer oder was könnte Dich bei Deinen
Entscheidungen beeinflussen?

Welcher/n Sorge/n widmest Du zu viel Zeit?

WELCHEN LEBENSANFORDERUNGEN KANNST
DU NUR SCHWER GERECHT WERDEN?

In welchen Momenten bist
Du souverän?

Fordern REGELN DICH HERAUS? WOZU?

Warum verstößt Du (gern) gegen die Spielregeln?

Welches Tabu hast Du schon gebrochen?
Welches mehrmals?

Kennst Du Langeweile?

(Warum) Kann Langeweile produktiv sein?

Was würdest Du machen,
wenn Du spontan 100.000 EURO
und drei Wochen Zeit hättest?

Du bist in den Ferien, und ein Boot mit
50 Flüchtlingen landet an Deinem Badestrand.
Wie reagierst Du?

Wann und warum hast Du zuletzt geweint?

(Womit) Gibst Du gerne an?

Wie oft isst Du am Tag?

Hat Morgenstund oder Abendstund Gold im Mund?

BIST DU SPONTAN? WARUM (NICHT)?

Du kaufst Essen zum Mitnehmen.
Isst Du es zu Hause aus der Packung, oder drapierst
Du es vorher auf einem Teller?

Was ist Deine Vorstellung von einem
gelungenen Vormittag?

Wie sieht für Dich ein gelungener Abend aus?

Welcher Tag der Woche ist Dein Lieblingstag?
Warum der?

WAS IST FÜR **DICH** EIN
perfekter Tag?

Denkst Du vor dem Aufstehen
über den bevorstehenden
Tag nach?

Du kannst nicht einschlafen.
Was machst Du dann normalerweise?

Was war der bisher wichtigste Tag
in Deinem Leben?

In wessen Haut würdest Du gern
für eine Woche schlüpfen?

Welche Art Leben reizt Dich mehr,
ein Leben mit mehr Muße oder ein
Leben mit mehr Leistung/en?
Warum?

IN WELCHE/N

SITUATION/EN

GLAUBST DU, DICH

verbiegen

ODER SELBST VERLEUGNEN

ZU MÜSSEN?

—

WARUM?

Wie heißt Deine größte Lebenslüge?

LEBST DU BESSER ODER SCHLECHTER MIT
EINER LEBENSLÜGE? WARUM?

In welchem Jahrhundert würdest Du gerne leben?
Warum in diesem?

(Wie) Würdest Du ohne Internet leben?

Wie reagierst Du auf unerwünschte Werbung
auf Deinem Display?

Wie reagierst Du auf unerwünschte Werbemaßnahmen
am Telefon?

In welchen Situationen übst Du ein
Telefongespräch, bevor Du es führst?

In welchen Situationen
können Rückwärtsschritte
vorwärtsbringen?

Welche drei Dinge verbietest Du Dir,
und welche solltest Du Dir verbieten?

Wann blühst Du auf, im Gestern,
im Heute oder im Morgen?

Welche Temperatur hat das Jetzt?

Welche Farbe hat das Jetzt?

Welchen Geschmack hat das Jetzt?

Welchen Geruch hat das Jetzt?

WAS WAR DER BISHER
PEINLICHSTE AUGENBLICK
in Deinem Leben?

Welche Aktionen in Deiner Vergangenheit
bereust Du aufrichtig?

Was ist die wichtigste Wahrheit, die Dich
das Leben gelehrt hat?

(Was) Hat Wahrheit mit Fakten zu tun?

WELCHE EREIGNISSE DEINER VERGANGENHEIT
WÜRDEST DU GERN STREICHEN?

Welches Lebensereignis hat Dich am meisten geprägt?

Welche Deiner Lebensentscheidungen
waren unbedingt nötig?

(Warum) Wäre Dein Leben besser, wenn Du bestimmte
Entscheidungen nicht oder anders getroffen hättest?
Welche?

Was sind die drei Tiefpunkte und was die drei
Höhepunkte Deines Lebens?

Was war Deine bisher schwierigste
Entscheidung überhaupt?

DU SCHREIBST DEINE *Biografie.*
WIE LAUTET DER TITEL?

Wartest und hoffst Du in Deinem Leben mehr,
als es aktiv zu gestalten oder umgekehrt?
Warum?

Wünschst Du Dir mehr oder
weniger Tempo im Leben? Warum?

Sind Egoisten im Leben erfolgreicher als Altruisten?
Warum (nicht)?

Was ist das Gegenteil von
Einsamkeit?

Glaubst Du an Glück oder an Willenskraft? Warum?

(Wie) Kann man das Glück erlernen?

(Wie) Arbeitest Du gezielt auf Lebenshöhepunkte hin?

Welche Chancen birgt der Zufall?

Welche Tätigkeit würdest Du in Deinem Alltag am liebsten nie wieder machen müssen?

Wirst Du eine ungeliebte Tätigkeit aufgeben? Warum (nicht)?

Wie feierst Du Deinen nächsten Geburtstag?

WIE LAUTET DEIN NÄCHSTER AUFREGENDER PLAN?

Mit welcher Fähigkeit oder mit welchem Charakterzug würdest Du morgen gerne aufwachen?

Was sollte sich in Deinem Leben
grundsätzlich ändern?

Welche Deiner Entscheidungen wird unumgänglich
sein? Warum?

Wofür ist Zeit immer bestens investiert?

Lebst Du Deinen Traum, oder träumst Du
Dein Leben? Warum?

Wie lautet Dein Lebensmotto?

Welche Art Leben würde
Dir gefallen?

DAS LEBEN *welcher Person*
ZU LEBEN REIZT DICH?

Wärst du in der Lage, das Leben dieser Person zu leben?

WAS DARF DIR IM LEBEN NIEMAND MEHR NEHMEN?

Du dürftest Dein Leben noch einmal
ab dem Alter von 18 leben. Was würdest Du anders
und was würdest Du genauso machen?

(Wie) Öffnest Du Dich für die Fülle des Lebens?

Was bedeutet Leben?

Welche Rolle spielst Du selbst in Deinem Leben?

Welche Rolle spielst Du im Leben Deiner Liebsten?

Welchen Trick oder welche Idee
würdest Du nie jemandem verraten?

Woran hältst Du noch fest, obwohl Du es längst
(los-)lassen wolltest?

Auf welches Gefühl würdest Du gern
für immer verzichten?

(Warum) Hältst Du Dir oft mehrere Optionen offen?

(Woher) Weißt Du, was Du willst?

WOHER WEISST DU, WIE DU GENAU DAS BEKOMMST,
WAS DU WILLST?

Worin besteht die größte Herausforderung
Deines Lebens?

Betrachtest Du Dinge lieber aus
der Nähe im Detail oder von Weitem im
Zusammenhang? Warum?

Wie gut gelingt es Dir, die Perspektive zu wechseln?

(Warum) Ist es hilfreicher, den eigenen
Standpunkt zu klären oder die Perspektiven
zu wechseln?

Strebst Du Stabilität oder Bewegung an? Warum?

Was hat Glück mit äußeren, was mit inneren
Bedingungen zu tun?
Worauf liegt mehr Gewicht?

Oscar Wilde schrieb:
„Es gibt nur zwei Tragödien im Leben.
Die eine ist, nicht zu bekommen, was man möchte,
und die andere ist, es zu bekommen."
Welche der beiden Tragödien ist Dir vertrauter?
Wie löst Du sie auf?

WAS HINDERT DICH DARAN, DEIN LEBEN IN *vollen Zügen* ZU GENIESSEN?

Machst Du Dir die Welt, wie sie Dir gefällt,
und nimmst Du Dir, was Du willst?
Warum (nicht)?

(WARUM)

SAUGST DU (NICHT) AUS

JEDEM TAG

alles Glück,

DAS DU KRIEGEN KANNST,

HERAUS?

Was ist das Thema Deines Lebens?

Wofür in Deinem Leben bist Du dankbar?

BERUFUNG, BERUF

Freust Du Dich, wenn Du morgens
Deine Arbeit beginnst?
Warum (nicht)?

Was war Dein Traumberuf, als Du ein Kind warst?

Was ist heute Dein Traumberuf?

Was sagt Dein jetziger Beruf
über Dich aus?

ARBEITEST DU IN DEINEM
Traumberuf?
WENN NEIN, WARUM NICHT?

Was waren in der Schule Deine Lieblingsfächer?

Wie wirken sich Deine Lieblingsfächer in der Schule
auf Dein heutiges Leben aus?

Wer war oder ist Dein/e wichtigster Lehrer/in?

Wie wertvoll war oder ist Deine Ausbildung
für Dein Berufsleben?

Welche Ausbildung oder welches
Universitätsstudium würde Dich noch reizen?

Was ist ein Traumberuf?

Welchen Beruf außer Deinem würdest
Du gerne ausüben?

Welchen Beruf würdest Du niemals ausüben? Warum?

Sollte man seinen Beruf nach Können oder
nach Spaß aussuchen?

Welcher Beruf müsste noch erfunden werden?

Was wärst Du als Beruf?

Arbeitest Du gern? Was? Wie?

WER ODER WAS MOTIVIERT DICH BEI DEINER
ARBEIT AM STÄRKSTEN?

Was war die Krönung Deiner bisherigen
beruflichen Laufbahn?

Bewirbst Du Dich, oder bewerben sich andere bei Dir?

Wie kleidest Du Dich für ein Bewerbungsgespräch?

Welches Kleidungsstück hast Du an Deinem ersten
Arbeitstag im neuen Job getragen? Warum dieses?

Würdest Du in Deinem Berufsalltag gern mehr oder
weniger reisen? Warum?

Für welche Berufe eignen sich Männer besser?

Für welche Berufe eignen sich Frauen besser?

VON WELCHER FIRMA WÄRST DU GERNE CHEF?

(Warum) Arbeitest Du gern im Team?

Mit welcher Art von Mensch arbeitest Du am liebsten?
Bist Du selbst so ein Mensch?

Welcher Typ Mensch wäre für Dich ein Albtraum
als Vorgesetzte/r?

Welcher Typ Mensch wäre für Dich ein
Albtraum als Kollege/in?

Mit welcher Person würdest Du sehr gerne
einmal zusammenarbeiten?

Arbeitest Du lieber mit Männern oder mit
Frauen zusammen? Warum?

Sollte man mit einem/r Kollegen/in eine
erotische Affäre beginnen oder nicht?
Warum (nicht)?

Steht Deine Bürotür für andere jederzeit offen?

WOMIT WÜRDEST DU JEMANDEM,
MIT DEM DU ZUSAMMENARBEITEST,
EINE *große Freude* BEREITEN?

Du bekommst einen Job in einer
entfernten Stadt.
Wie gehst Du mit Deinem/r Partner/in um?

Vertreter welcher Berufssparte bewunderst
Du am meisten?

Sonntag oder Montag?

Was ist Motivation?

WER ODER WAS KANN DICH IMMER MOTIVIEREN?

Wie motivierst Du andere?

Braucht man für Motivation ein klares Motiv?

Wie stark motiviert Dich Geld bei
Deiner Arbeit?

(Warum) Heißt Arbeiten auch Wettbewerb?

Wer ist oder war Dein berufliches Idol?

Kennst Du Dein berufliches Idol persönlich?
Warum (nicht)?

(WIE) *Helfen* DIR BEI DEINER ARBEIT VORBILDER?

Wer hat Dich in Deinem Berufsleben
am stärksten geprägt?

Was war der wertvollste Rat für Dein Berufsleben?
(Wie) Befolgst Du diesen Rat?

Was bringt weiter, Beziehungen oder Können?

Arbeiten die Menschen zu viel oder zu wenig? Warum?

Wie stehst Du zum bedingungslosen
Grundeinkommen?

Worauf sollten Menschen im
täglichen Umgang
miteinander viel mehr achten?
Warum?

Wie könnten Menschen an sich arbeiten,
um bessere Menschen zu werden?

Was bedeutet für Dich persönlicher Fortschritt?

Ist Liebe auch Arbeit?

Sollte man seine Arbeit lieben? Warum (nicht)?

„Dienst ist Dienst, und Schnaps ist Schnaps" oder
Schnaps auch mal beim Dienst?

Ist es generell besser, etwas zu tun als nichts zu tun?
Warum (nicht)?

9

RUHM, GELD UND GLORIE

Was ist Dir davon am wichtigsten: Besitz, Berühmtheit
oder die Anerkennung Deiner Person? Warum?

Was ist der teuerste Gegenstand, den Du besitzt?

Was ist der wertvollste Gegenstand, den Du besitzt?

AUF WELCHEN GEGENSTAND HAST DU AM LÄNGSTEN HIN *gespart?*

Was ist für Dich ein/e selfmade (wo)man?
(Warum) Bist Du so jemand?

Wer ist die größte Berühmtheit,
die Dir je persönlich begegnet ist?
Wie war die Begegnung für Dich und wie
für die Berühmtheit?

Wärst Du gern berühmt – als oder für was?

Du könntest in nur einem Land berühmt sein.
In welchem wärst Du gern berühmt?

Würdest Du 15 Jahre Deines Lebens opfern, um sehr
viel schöner und berühmter zu sein? Warum (nicht)?

AUF DEM COVER WELCHER ZEITSCHRIFT WÜRDEST
DU DIR DEIN PORTRÄT WÜNSCHEN?

Was ist Deine Lieblingszeitschrift?

(Warum) Regiert Geld die Welt?

Wärst Du in einer Welt, in der Zeit Geld ist,
reich oder arm?

MEHR **GELD** ODER MEHR *Sex?*

Was würdest Du mit 1 Milliarde Euro machen?

Du findest einen Umschlag mit einer Kreditkarte
und Geheimnummer. Was machst Du damit?

Du findest einen Umschlag mit 500 Euro.
Was machst Du damit?

Wie viel Geld brauchst Du zum Leben?

Was ist das teuerste Produkt,
das Du je gekauft hast?

Was bedeutet Besitz für Dich?

Der Diebstahl von welchem Gegenstand würde
Dich besonders treffen?

Welches Erbe würde Dich mehr erfreuen,
eine hohe Geldsumme oder ein Anwesen im Wert
derselben Summe? Warum?

Wozu dienen Dir Verträge mit Versicherungen?

Was war Dein letzter Lustkauf?

WAS BEDEUTET FÜR DICH LUXUS?

Was spendet Deinem Leben einen Hauch
oder mehr von Luxus?

Wozu dient Luxus?

Welche Statuskäufe tätigst Du?

Welche Rolle spielt der Besitz von Kunstwerken
in Deinem Leben?

(Warum) Könnte Dir Eigentum eine Last sein?

WIE ERKLÄRST DU DIR,
DASS VIELE MENSCHEN

IN SEHR ARMEN LÄNDERN

zufriedener

MIT IHREM LEBEN SIND,

ALS VIELE MENSCHEN IN

SEHR REICHEN LÄNDERN?

Wie lautet Deine persönliche Erfolgsformel,
um Ziele zu erreichen?

Wofür hast Du eine/n oder mehrere Preise,
Pokale, Medaillen, Zertifikate oder Bestnoten
erhalten? Auf welche Anerkennung/en bist
Du wirklich stolz?

Wie fühlt es sich an, einsam an der Spitze zu stehen?

Welche Person, die lebt oder nicht mehr lebt,
hat aus Deiner Sicht am meisten aus ihrem Leben
gemacht? Löst ihr Erfolg eher Bewunderung
oder Neid bei Dir aus? Warum?

Wie hängen Soziale Medien mit Ruhm zusammen?

Welche Art Ruhm würdest Du Dir wünschen?

WIE RIECHT Ruhm?

Wonach schmeckt Ruhm?

(Warum) Sind Reiche auch „arm dran"?

Denkst Du bei Deiner Lebensgestaltung an
Deinen Tod?

Was soll nach Deinem Tod von Dir im
öffentlichen Gedächtnis bleiben?

10
GENIESSEN

Mit welcher Blume macht man Dir die
allergrößte Freude?

Was ist Dein Lieblingsbaum?

Was verbindet Dich mit Deinem Lieblingsbaum?

Welches Gemüse hättest Du gern im Garten?

Was hast Du immer im Kühlschrank?

Was sollte immer im Kühlschrank sein?

Fleisch, Fisch oder Tofu?

Vorspeise, Hauptspeise oder Nachspeise?

Was isst Du am liebsten?

Isst Du Dein Lieblingsgericht oft oder selten?

(WARUM) SOLLTE JEDES ESSEN MIT EINER
NACHSPEISE ENDEN?

Was ist Deine liebste Nachspeise?

WELCHES GERICHT KOCHST DU AM *liebsten?*

Wen bekochst Du am liebsten?

Von wem lässt Du Dich am liebsten bekochen?

Was ist Dein Lieblingsgericht, wenn es jemand anderes für Dich kocht?

Was ist Dein Lieblingsgericht, wenn Du es selbst kochst?

Welches Küchenrezept hast Du erfunden?

Welches Küchenrezept hättest Du gern erfunden? Für wen?

(Warum) Geht Liebe durch den Magen?

Was ist Dein bevorzugtes aphrodisiakisches Mahl?
Was trinkst Du am liebsten dazu?

Wie oft gönnst Du Dir aphrodisierendes Essen und
Trinken? Mit wem am häufigsten?

WAS GEFÄLLT *Dir* AN DER VÖLLEREI?

Du feierst ein Gelage. Wie sieht es aus?

Gönnst Du Dir eher zu viel oder zu wenig? Wovon?

Gönnst Du anderen zu viel oder zu wenig? Wovon?

Welche Deiner Lebensfreuden würde jemand
anders wohl kaum verstehen können?

Für welche Deiner Leidenschaften
schämst Du Dich?

WELCHER MENSCH STRAHLT FÜR DICH GENUSS AUS?

Lebst Du, um zu essen, oder isst Du,
um zu leben?
Wie stellst Du Dir die andere Variante vor?

Welchen heimlichen Luxus
gönnst Du Dir hin und wieder?

Wie oft gönnst Du Dir Auszeiten?

Wo findest Du absolute Ruhe?

Badewanne oder Dusche?

Hast Du einen Fetisch? Welchen?

Wie (gerne) bewegst Du Dich?

In welchen Situationen fühlst Du Dich in
Deinem Körper am wohlsten?

Wie fühlst Du Dich nach dem Sex?
Warum fühlst Du Dich nicht öfter
wie nach dem Sex?

Wann fühlst Du Dich in Deinem Körper schlecht?

(Wie) Gehst Du dagegen an,
wenn Du Dich in Deinem
Körper unwohl fühlst?

WELCHE **ART** VON *Körper*
BERÜHRST DU GERN?

Welche Stellen Deines Körpers berührst Du
besonders gern?

Welche Rolle spielt Genuss
in Deinem Leben?

WAS IST FÜR DICH EIN HOCHGENUSS?
(WIE) TEILST DU IHN?

(Wie leicht) Kannst Du Versuchungen widerstehen?

Was wäre für Dich eine Versuchung?

Ist die jederzeitige völlige Hingabe an den Genuss ein
Zeichen von Stärke oder Schwäche? Warum?

(Warum) Stimmt es,
dass, wer nicht genießen kann, ungenießbar ist?

Was bedeutet Bewusstsein für Dich?

Wie genießt Du im Alltag?

Warum (nicht)... ?

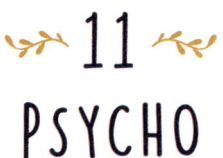

11
PSYCHO

Was denkst oder fühlst Du,
wenn Du im Flugzeug durchgeschüttelt wirst?

Welche Grundstimmung prägt Dich?

Wie stark beeinflussen Dich die Stimmungen
anderer Menschen?

(Wie) Bist Du schon einmal in Deinem Stolz
verletzt worden?

Welche Bemerkung einer anderen Person hat
Dich bisher am meisten verletzt?
Warum?

(Wie) Hast Du schon einmal jemanden
psychisch sehr verletzt?

Was ist die größte psychologische Verletzung,
die Dir je zugefügt wurde?

WAS KANNST *Du* WEM
NIEMALS VERZEIHEN?

Können Menschen sich ändern?

(Wie) Änderst Du Dich?

Wurdest Du als Kind gehänselt? Weshalb?

Hast Du andere Kinder gehänselt?
Wie hast Du Dich dabei gefühlt? Wie fühlst Du
Dich heute bei dem Gedanken daran?

Wer sind Deine größten Vorbilder?

Wem würdest Du gern ähnlich sein?

Wem bist Du ähnlich?

Wer würdest Du heute gern sein?

Was tust Du, um Dich so richtig zu entspannen?

Welche Macken hast Du?

WIE SEHR MAGST DU DEINE MACKEN?

Wie gehen andere mit Deinen Macken um?

Beunruhigt Dich eher die Aussicht auf Ruhe
oder die Aussicht auf Geschäftigkeit? Warum?

Was kann in Dir ein Gefühl der Leere auslösen?

Wie gehst Du mit einem Gefühl der Leere um?

WIE

sieht es aus,

WENN DU DIE

KONTROLLE

VERLIERST?

Sollte man öfter mal
die Kontrolle verlieren?
Warum (nicht)?

Fällt es Dir leichter,
die Kontrolle zu wahren oder sie zu verlieren?
Warum?

Wie hoch ist Deine emotionale Intelligenz?

WIE NUTZT DU DEINE EMOTIONALE
INTELLIGENZ?

Welche Situationen schüchtern Dich ein?

Worüber bist Du frustriert?

(Wie sehr) Interessieren Dich andere Menschen
wirklich?

Wer oder was sind Deine
Dämonen?

Was meinte Marguerite Duras mit dem Satz:
„Wenn die Angst zu groß wird, muss der Wahnsinn
sie vertreiben"?

Welche übersinnliche Macht würdest Du gern besitzen?

Welche psychische Fähigkeit/en hättest Du gern?

Welche psychischen Probleme belasten Dich?

WORIN ZEIGEN SICH DEINE
psychischen PROBLEME?

Was sind die Auslöser Deiner psychischen Probleme?

Vor wem versteckst Du Deine psychischen Probleme?
Warum?

WELCHE FUNKTION KÖNNTEN DEINE PSYCHISCHEN PROBLEME FÜR DICH HABEN?

(Wie) Könnte Dein psychisches Problem verschwinden?

Welches Problem könnte Dich dazu veranlassen, zum Psychotherapeuten zu gehen?

Welches Ziel würdest Du in einer Psychotherapie anstreben wollen?

Wärst Du lieber impulsiver oder gezügelter? Warum?

Wie sehen Deine dunkelsten Seiten aus? Wem zeigst Du sie?

Wie sehen Deine hellsten Seiten aus? Wem zeigst Du sie?

Was ist Dein psychologischer wunder Punkt?

Nutzt jemand Deine wunden Punkte
immer wieder aus? Wer?

(Wie) Erkennst Du die wunden Punkte
von anderen?

WIE GEHST DU MIT DEM WISSEN
um die wunden Punkte
ANDERER MENSCHEN UM?

Nutzt Du die wunden Punkte Deines Gegenübers aus?
Warum (nicht)?

Schütten Menschen ihr Herz bei Dir aus?
Warum (nicht)?

Wem schüttest Du Dein Herz aus?

Wie muss eine Person sein,
damit Du ihr Dein Herz ausschütten kannst?

Vertraust oder misstraust Du anderen Menschen?
Warum?

Kannst Du gut alleine sein?

WIE SIEHT DEIN
privatester Moment aus?

Welche Phobie/n hast Du?

Welche Phobie/n würde/n zu Dir passen?

Wie gehst Du mit Deiner/n
Phobie/n um?

Welcher andere Mensch ist
Dir am ähnlichsten?
Magst Du ihn?

WAS MACHT EINEN „PSYCHISCH GESUNDEN MENSCHEN" AUS?

(Warum) Nimmt der Psychostress
in der Gesellschaft zu?

Was stresst Dich am meisten?

Wie sehen Deine Taktiken zur
Stressbewältigung aus?

Was genau ist das Ziel von Stressbewältigung?

(Warum) Hast Du den Mut,
Deine Gefühle auszudrücken?

Was ermutigt Dich dazu, Deine Gefühle
auszudrücken?

Hast Du Angst, Du selbst zu sein?
Warum (nicht)?

Vor wem entblößt Du Dich psychisch gern?
Warum (nicht)?

WORIN LIEGT DAS

Drama

DEINES LEBENS?

(Wie) Erforscht Du Dich selbst?

Wobei lernst Du am meisten
über Dich selbst?

Wie drückst Du
Deine Gefühle aus?

Welche Gefühle willst Du nie
wieder fühlen?

Welche Gefühle willst Du
viel öfter fühlen?

II

DU UND DIE WELT

1

BÜHNEN UND (ROLLEN−)SPIELE

Zähle ein paar Hobbys und Interessen
Deiner Jugend auf. Welche davon sind heute noch
Deine Hobbys und Interessen?

Bist Du ein/e gute/r Schauspieler/in?
Woran merkst Du das?

Welche Rolle spielst Du am liebsten?

Wie sähe es in der Welt aus, wenn die Menschen mehr
von ihren Facetten ausleben würden?

Ist das Leben eine Bühne? (Warum) nicht?

Fühlst Du Dich auf Bühnen wohl oder unwohl?

Du musst einen kurzen Vortrag vor
500 Menschen halten?
Wie meisterst Du Deine Nervosität?

Hast Du Dich schon einmal öffentlich richtig blamiert?
Wie und warum?

In welchem Kostüm fühlst Du Dich am wohlsten?

Welches Kostüm wählst Du für eine lustige Party?

Als wer oder was verkleidest Du Dich,
damit Dich garantiert niemand wiedererkennt?

WELCHES ROLLENKLISCHEE LIEGT DIR AM EHESTEN:
MUTTER, CLOWN, LIEBHABER/IN, GOTT,
LEHRER, MÖRDER, KOCH, DIEBIN, JUNGE SCHÖNHEIT,
SELBSTMÖRDER/IN, CHAMÄLEON, KIND,
OPFER, PRIESTER, GESCHÄFTSMANN/FRAU,
KÜNSTLERIN?

Brauchen wir in der Gesellschaft mehr oder weniger
Schauspieler/innen? Warum?

Leben wir in einer narzisstischen
Gesellschaft? Was bedeutet das für
das Zusammenleben?

Was bedeutet Narzissmus?

Bist Du narzisstisch veranlagt?

Was hat Angst mit Narzissmus zu tun?

Wie gern spielst Du Rollenspiele?

Wie groß ist Dein Hang zur Tagträumerei?

VERLÄSST DU DICH EHER AUF DEINE
ERFAHRUNG ODER AUF DEINE
Vorstellungskraft?

Wofür schämst Du Dich?

Für wen hast Du Dich schon mal
fremdschämen müssen?

DENKST DU OFT DARÜBER NACH,
WIE DU AUF ANDERE WIRKST? WARUM?

Sollte in der Öffentlichkeit mehr oder weniger
geküsst werden?

Welche exhibitionistischen Züge hast Du
an Dir selbst festgestellt?

(Warum) Sind offene Menschen beliebter
als verschlossene?

Welche Rolle
spielt der Auftritt im Berufsleben?

Welche Rolle
spielt der Auftritt im Privatleben?

Wozu dienen Masken in der Gesellschaft?

In welchen Situationen fallen alle Masken
von Dir ab?

KLEINE REISE,
GROSSE REISE

Jemand schenkt Dir ein Blankoticket.
Wohin reist Du?

Gehst Du meist mit schwerem
oder mit leichtem Gepäck auf Reisen?
Warum?

Gang-, Mittel- oder Fensterplatz?

WAS IST DER *schönste Ort,*
AN DEM DU JE
ÜBERNACHTET HAST?

Gibt es einen Ferienort, den Du niemandem verrätst,
um ihn nur für Dich und Deine/n Liebste/n zu haben?

Durchdenkst Du Deine Reisepläne normalerweise
sehr genau vor der Abfahrt oder eher nicht? Warum?

Was ist Deine schönste Vorstellung:
Strandurlaub, Bildungsurlaub, Wellnessurlaub,
Gourmeturlaub, Stadturlaub, Einzel-, Paar-, Gruppen-
oder Familienurlaub? Warum?

In welchem Land fühlst Du Dich am wohlsten?

Wenn Du ein Land erfinden solltest,
wie würde es sein?

Was ist die schönste Landschaft,
die Du je gesehen hast?

Stadt oder Land?

Berge oder Strand?

Bach, Fluss, See oder Meer?

Plattes Land, Dünen, Wiesen oder Gebirge?

WAS REIZT DICH MEHR, DIE WELT DER FISCHE UNTER WASSER
ODER DIE DER VÖGEL IN DER LUFT? WARUM?

Welchen Unterschied erkennst Du zwischen
Verreisen und Reisen?

Welcher Moment der Reise
ist für Dich der schönste?

Was bedeutet es für Dich, zu reisen?

WER ODER WAS KÖNNTE DICH AUF EINE einsame Insel locken?

Welche drei Gegenstände nimmst Du
auf eine einsame Insel mit?

Welche drei Menschen nimmst Du
auf eine einsame Insel mit?

Aus welchem Material baust Du Dir
auf einer Insel ein Haus?

Du bist auf einer Fernreise,
und bei Dir zu Hause wird eingebrochen.
Sollte man Dich besser früher
oder später darüber informieren?

Wie viele Sprachen sprichst Du?

WELCHE

FREMDSPRACHE

KLINGT

FÜR DICH

am schönsten?

Beherrschst Du eine schöne Fremdsprache?
Wenn nicht, warum nicht?

WIE LAUTET DAS SCHÖNSTE WORT
IN EINER FREMDSPRACHE?

Was ist Dir
das liebste Fortbewegungsmittel?

Was ist die weiteste Strecke,
die Du je zu Fuß zurückgelegt hast?

Wie heißt der höchste Berg,
den Du je bestiegen hast?

Was hast Du auf Reisen
immer dabei,
an das andere wohl kaum denken?

Mit wem reist Du am liebsten?

Was symbolisiert das Reisen?

3
INSPIRATION, KREATION

Wann und wo kommen Dir die besten Ideen?

Wie gut kannst Du singen?

Was bedeutet Gesang für dich?

Wann hast Du das letzte Mal gesungen?

Das Bild von welchem/r Musiker/in hing
in Deinem Kinderzimmer?

Hörst Du dessen/deren Musik
immer noch gern?

In welcher Band wärst Du gerne
Mitglied (gewesen)?

Welche Band spielt, wie Du fühlst?

Was ist Deine Lieblingsband/Dein/e
Lieblingsmusiker/in?

Welche Oper entspricht Deinem Gemüt am ehesten?

Könntest Du ohne Musik leben? (Warum) nicht?

Du willst Dich über Musik ausdrücken. Welches Lied
präsentierst Du mit Deinem Orchester der Welt?

WELCHES **LIED** SOLLTE JEDE/R *singen* KÖNNEN?

Welches Musikinstrument würdest Du gerne
richtig gut spielen können?

Welches Musikstück hat Dein Leben verändert?

Welche Erfindung hat die Menschen bisher
am weitesten gebracht?

Welche Erfindung
sollten Menschen am besten
wieder einstampfen?

Was hättest Du gerne erfunden? Warum das?

Was muss unbedingt noch erfunden werden?
Warum das?

WOVON HAST DU EINE SAMMLUNG ANGELEGT?
WARUM ODER WOZU?

Welche Sammlung von Dingen in deinem Haushalt
hättest Du längst auflösen sollen?

Welche Romanfigur entspricht
Dir am ehesten?

WELCHER **ROMAN** HAT DICH ALS KIND
am stärksten beeindruckt?

Welche Romanfigur hat Dich geprägt?

Welche/s Gedicht/e kannst Du auswendig aufsagen?
Warum diese/s?

Welche drei Bücher sollte jede/r gelesen haben?

Welches Buch empfiehlst Du Deinem pubertierenden
Sohn?

Was ist Dein liebstes, bisher ungelesenes Buch?

Welches Buch hättest Du gerne geschrieben?

Welche Bücher liegen neben Deinem Bett?

Welches Zitat gefällt Dir besonders?

WELCHEN **FILM** EMPFIEHLST DU DEINER
pubertierenden Nichte?

Welches ist Dein bevorzugtes Unterhaltungsgenre:
Tragödie, Komödie, Thriller, Action,
Jugenddrama, Liebesdrama, Kriegsdrama,
Historiendrama, Biografie, Porno, Fantasy,
Comic oder Familiengeschichte?
Was sagt das über Dich aus?

Welcher Film hat Dich am meisten beeindruckt?

In welchem Film stellt welcher Schauspieler
wem diese Frage: „You talking to me?"

Musikstück, Buch oder Film?

Um welches Kunstwerk zu sehen oder
welches Musikstück zu hören, würdest Du 12 Stunden
Flugzeit in Kauf nehmen?

Was sagt Dein Bildschirmschoner über Dich aus?

Welche/n Künstler/in hättest Du gern inspiriert?
Zu welchem Werk?

MIT WELCHER/M KÜNSTLER/IN WÜRDEST DU GERN
IN EINER WOHNGEMEINSCHAFT LEBEN?
WARUM?

Welche/r Maler/in malt, wie Du fühlst?

Was war die schönste Kunstausstellung,
die Du jemals besucht hast?

Bevorzugst Du das Museum oder den Katalog
zur Ausstellung? Warum?

Bild, Skulptur oder Gebäude?

Foto oder Gemälde?

Welche Kunst- und Musikerlebnisse und/oder
Naturstimmungen können Dich tief bewegen?

Wenn ein Mann wütend auf einen Holzklotz
einhackt und dabei das Bild einer Kuh
herauskommt, ist das Bild ein Kunstwerk?
Wenn nicht, warum nicht?
(Wer hat diese Fragen in welchem Buch gestellt?)

Welches Kunstwerk hat Dich schon zum
Weinen gebracht?

Worin liegt der Unterschied zwischen
Kunsthandwerk und Kunst?

Welche/r Künstler/in könntest Du sein?

Was ist Kreativität?

BIST DU KREATIV? WIE OFT?

Umgibst Du Dich lieber mit kreativen
oder mit unkreativen Menschen?
Warum?

WAS IST WOHL DER **MOTOR** FÜR
Kreativität?

(Warum) Ist Dein Kopf ständig voller
neuer Ideen und Pläne?

Was bringt Dich dazu, dass Du vor Ideen sprudelst?

WIE IST ES, UNTER WASSER ZU WEINEN?

Drückst Du Dich am liebsten
mit Worten, mit Taten, mit Bildern, mit Werken
oder mit Deinem Körper aus –
oder ganz anders?

Vor Dir liegen
eine leere Streichholzschachtel, zehn Streichhölzer,
ein Stift, ein Kamm, eine Zeitung,
eine Batterie und ein Häufchen Erde.
Was bastelst Du daraus?

Welche Wörter kannst Du aus
diesen Buchstaben bilden:
A, O, B, C, D, G, H, K, M, N, Y?

WELCHES *Material* BENÖTIGST DU,
UM DICH **KÜNSTLERISCH**
AUSZUDRÜCKEN?

Wenn Du als Künstler wiedergeboren werden würdest,
wer würdest Du sein?

Was ist für Dich das reine Glück?

4

LACHEN

Worüber hast Du heute schon gelacht?

(Warum) Wäre es gut, wenn Du jeden Tag
mindestens einmal lachen würdest?

Wer oder was kann Dich am ehesten
zum Lachen bringen?

Wann hast Du zuletzt über Dich selbst gelacht?

Lachst Du öfter über Dich selbst oder über andere?
Warum?

Wie hast Du Spaß mit Dir selbst?

Wie oft lachst Du für Dich allein?

Welche Bedeutung hat Lachen
für Dein Leben?

WIE KÖNNTE LACHEN BEI TRAGIK HELFEN?

Wann hast Du zuletzt gelacht?

Was wäre eine gute Definition
für „Ernst des Lebens"?

Wer kommt im Leben weiter, der/die Ernsthafte
oder die/der Lustige? Warum?

Was war die letzte völlig überflüssige,
lächerliche Aktion, die Du gemacht hast?

Wie bringst Du andere zum Lachen?

Was ist Dein Lieblingswitz? Warum der?

Wer ist Dein/e Lieblingskomiker/in?

Welche brenzlige Situation/en
hast Du schon
mit einem Witz gelöst?

Erkennt man am Lachen den Narren/die Närrin
oder die Weise/den Weisen? Warum?

Auf welche Art von Humor
springst Du jederzeit an?

WORAN ERKENNST DU,
OB JEMAND *Humor* HAT?

Hat jemand Deines Erachtens Humor,
weil Du ihn/sie zum Lachen bringst oder weil er/sie
Dich zum Lachen bringt?

Wie sieht Deine Art von Humor aus?

IN ODER

AUS WELCHER/N

Situation/en

HAT DIR NUR

DEIN HUMOR

GEHOLFEN?

Was verändert sich in Dir,
nachdem Du einen Witz gemacht hast?

Wie gehst Du mit Humorlosen um?

WAS IST DAS HUMORLOSESTE, DAS EIN MENSCH TUN KANN?

Wie verhalten sich Humor und Hass zueinander?

(Warum) Ist das Leben ein Witz?

(Warum) Macht Schadenfreude Freude?

Warum haben einige Menschen mehr Humor als andere?

Worin liegt die Macht des Humors?

Steckt hinter dem Lachen immer auch Traurigkeit,
und steckt in der Traurigkeit immer auch eine
gewisse Komik? Wenn nein, wie sehen Traurigkeit
und Komik in Reinform aus?

Was bedeutet Traurigkeit?

Wohin gehst Du, wenn Du traurig bist?

Wer oder was kann Dich immer wieder aufheitern?

Wie oft sollte man im Jahr weinen?

Wie oft sollte man im Jahr lachen?

Machen Clowns Dir Angst oder Mut,
oder was lösen sie bei Dir aus? Warum?

Wer ist der lustigste Mensch, den Du kennst?

(Unter welchen Umständen) Kannst Du richtig witzig sein?

WANN HAST DU ZULETZT TRÄNEN GELACHT?

Worüber sollte man sich niemals lustig machen?

WELCHES **TABU** HAST DU SCHON IN MINDESTENS EINEN *Witz* GEPACKT?

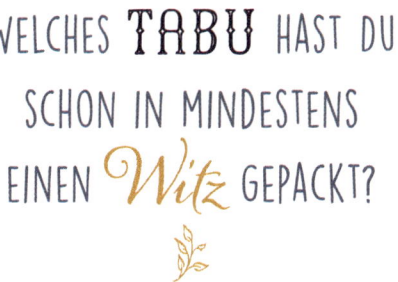

Was hältst Du von der Aussage:
„Ich will Spaß!"?

„Where's the beef?"
lautete die Frage
in einem Werbespot wofür?

Sollte in der Schule Komik gelehrt werden?
Warum (nicht)?

Was an oder von Dir bringt andere garantiert
zum Lachen?

(Wie) Könntest Du Dich und andere häufiger
zum Lachen bringen?

🌾 5 🌾
ANGST ODER RISIKO

Warum ist Angst für den Menschen wichtig?

Welche Bitte würde Dir Angst einjagen?

Vor welcher Person hast Du die größte Angst?

Wer hat vor Dir Angst?

Wem würdest Du gern einmal Angst einjagen?

Was ist Deine größte Schwäche?

Wem zeigst Du Deine Schwäche/n?

In welchen Situationen wirst Du nervös?

Wovor hast Du Angst?

Wie gehst Du mit Deiner Angst
vor Autoritäten um?

(Wie) Wirkt sich Angst körperlich auf Dich aus?

Lähmt oder motiviert Dich Deine Angst?

Wie gehst Du mit Deiner Angst um?

Was IST DEINE GRÖSSTE
ZUKUNFTSANGST?

Wie hast Du Dich auf eine Katastrophensituation
(Chemieunfall, Wetterchaos oder Terror)
in Deiner Umgebung vorbereitet?

(Wohin) Würdest Du bei Gefahren
in Deiner Umgebung auswandern?

Wer ist die mutigste Person,
die Du kennst?

Liebst oder scheust Du die Aufregung
und das Abenteuer?

Für wie viel Geld würdest Du Dich
auf die Straße stellen und „Stille Nacht,
heilige Nacht" singen?

BIST DU SCHON MAL *splitternackt*
DURCH DIE NATUR GELAUFEN? WARUM (NICHT)?

(Wie stark) Reizt Dich eine Fahrt in
Höchstgeschwindigkeit in einem Rennwagen

Reizt Dich Bungeejumping? Warum (nicht)?

Jemand lädt Dich zum Fallschirmspringen ein.
Springst Du?

REIZT ES DICH, EINEN PILOTENSCHEIN ZU MACHEN?
WARUM (NICHT)?

Was wäre die höchste Summe, die Du zahlen würdest,
um auf den Mond fliegen zu können?

Richtest Du Dein Leben eher so ein,
dass Du aufregende Situationen anziehst
oder vermeidest?

(Warum) Macht es Dir Spaß,
Deine Grenzen zu testen?

Wie testest Du Deine Grenzen? Wozu?

Womit könntest Du ins „Guinness-Buch
der Rekorde" gelangen?

Was war die verrückteste Aktion,
die Du Dir je geleistet hast?

Solltest Du lieber öfter oder seltener
mal verrückt sein?
Warum?

Welche Mutproben stellst Du Dir
hin und wieder selbst?

WAS IST *das Mutigste,*
DAS DU JE GEWAGT HAST?

(Warum) Macht es Dir Spaß,
über die Stränge zu schlagen?

Womit kannst Du Dich
selbst verblüffen?

(Wie) Verändert Alkohol Dein Verhalten?

(Wie gezielt) Nutzt Du Alkohol oder Drogen,
um Dir Mut zu verschaffen?

Welche Sucht/Süchte hast Du?

IST DIE SUCHT DEIN FREUND ODER DEIN FEIND? WARUM?

Würdest Du anderen Drogen besorgen, wenn man es
von Dir verlangen würde?

Welche Droge reizt Dich? Warum diese?

In welcher Situation würdest Du freiwillig
ein Verbrechen begehen?

Für welche Überzeugung/en würdest Du hohe Risiken
in Kauf nehmen?

Wofür würdest Du Dein Leben riskieren?

Wer würde sein/ihr Leben für Dich riskieren?

Für wen würdest Du Dein Leben riskieren?

Ist Dein Leben aufregend genug? Warum (nicht)?

Was könnte mehr positiven Nervenkitzel
in Dein Leben bringen?

Was würdest Du wagen, wenn sich Deine
Risikobereitschaft über Nacht verzehnfacht hätte?

GEWISSEN UND GLAUBEN

Die reagierst Du, wenn nachts jemand
auf der Straße schreit?

JEMAND KLOPFT AN DEINE TÜR UND MÖCHTE OBDACH. WEM GEWÄHRST DU AM EHESTEN *Zutritt* ZU DEINER WOHNUNG?

Wie zeigst Du Dein Mitleid
mit Obdachlosen?

(Warum) Spendest Du regelmäßig an Menschen,
denen es schlechter geht als Dir?

Wann hast Du Dich zuletzt klar gegen
etwas ausgesprochen?
Wogegen?

Was sind die fünf größten Tabus?

Welches Tabu würdest Du niemals brechen?

WELCHE FÜNF

MORALISCHEN WERTE

HÄLTST DU FÜR

die wichtigsten?

LEBST DU

DANACH?

Darf man die eigenen Prinzipien verraten?

Ist Toleranz Pflicht oder Kür?

(Warum) Ist es wichtig, ehrlich zu sein?

(Warum) Darf man betrügen, um voranzukommen?

In welchen Situationen betrügst Du,
um voranzukommen?

Was bedeutet Vernunft für Dich?

(Wie) Gehören Freiheit und Pflicht zusammen?

WAS BEDEUTET GERECHTIGKEIT?

(Wo/rin) zeigt sich Gerechtigkeit?

Was bedeutet eine gerechte Bezahlung?

Wie lässt sich Gerechtigkeit adäquat messen?

(Wie) Sorgst Du in Deinem Umfeld
für Gerechtigkeit?

Ein enger Freund berichtet Dir,
einen Unfall gebaut und danach Fahrerflucht
begangen zu haben.
Wie gehst Du damit um?

(WARUM) IST ES GUT, TÄGLICH EIN BESSERER MENSCH
ZU WERDEN?

Was ist ein/e Heuchler/in?

Was bedeutet Integrität?

Was kannst Du tun,
um eine integre Persönlichkeit zu sein?

Wen hältst Du für moralisch stärker,
Frauen oder Männer?

BIST **DU** EIN/E
Feminist/Feministin?
WARUM (NICHT)?

„Du Nutte", schreit ein Mann auf der Straße
der Frau direkt neben Dir zu. Wie verhältst Du Dich?

Würdest Du für Dein Land in den Krieg ziehen?
Warum (nicht)?

Bist Du ein/e großzügige
Trinkgeldgeber/in oder nicht? Warum (nicht)?

Täglich eine gute Tat?

Was ist eine gute Tat?

Inwieweit ist der Mensch lernfähig?

Welche Ereignisse würdest Du am liebsten aus dem Gedächtnis der Menschheit streichen?

Wie passt „Du sollst nicht töten" zur Abtreibung?

Wie passt „Du sollst nicht töten" zur Sterbehilfe?

Werden Menschen eher altruistisch oder egoistisch geboren?

Wer ist wichtiger, Du oder andere?

(Warum) Ist es wichtig, dass es Dich gibt?

WEM *übergibst* DU DIE
VERANTWORTUNG
BLIND?

Was hat Verantwortung mit Vertrauen zu tun?

Für wen oder was trägst Du Verantwortung?

Suchst oder scheust Du die Verantwortung?

Hättest Du lieber
mehr oder weniger Verantwortung?

WAS BEEINDRUCKT DICH STÄRKER, FESTE PRINZIPIEN
ODER GEFÜHLE?

Was erfüllt Dich mehr, zu nehmen oder zu geben?

Bist Du eher egoistisch oder altruistisch?

Bist Du eher materialistisch
oder idealistisch?

(Warum) Würde Dich der Gedanke reizen,
für ein Jahr in ein Kloster zu gehen?

Wozu würdest Du einen einjährigen Aufenthalt im Kloster nutzen?

(Warum) Hilft der Glaube den Menschen, oder stört er sie eher?

Wäre die Welt besser, wenn mehr oder weniger Menschen gläubig wären? Warum?

Was haben Kirche und Religion mit Glauben zu tun?

Welche drei positiven und welche drei negativen Aspekte verbindest Du mit Religion?

GIBT ES FÜR DICH EIN MEHR ZWISCHEN HIMMEL UND ERDE? WELCHER ART IST ES?

In welcher Hinsicht oder in welchen Situationen bist Du fatalistisch?

In welchen Fällen wirfst Du eine Münze, um zu entscheiden?

Glaubst Du eher an das Gute
oder an das Schlechte im Menschen?
Warum?

An welchen Gott glaubst Du?

WENN DU GOTT
BEGEGNEN WÜRDEST, WAS WÜRDEST
DU IHM *zuflüstern?*

Wenn Du Gott begegnen würdest,
was würde er Dir zuflüstern?

Wer oder was könnte Gott ersetzen?

Entweder Du, oder hundert andere Menschen
müssten sterben – wie entscheidest Du Dich?

In welchen Situationen hast Du schon
Zivilcourage bewiesen?

WARUM *braucht* DIE WELT DICH?

Welche Werte lebst Du anderen vor?

Wofür lohnt es sich zu leben?

Wofür lohnt es sich zu sterben?

Wen wolltest Du schon einmal töten? Warum?

Was ist ein guter Mensch?

Welcher kleine Schritt von Dir würde einen großen
Schritt für die Menschheit bedeuten?

7

PHILOSOPHIE

Wie oft denkst Du über den Grund
der menschlichen Existenz nach?

Was bringt Dich dazu, über den Grund
der menschlichen Existenz nachzudenken?

Was bringt es Dir oder der Welt,
über den Grund
der menschlichen Existenz nachzudenken?

Mit wem besprichst Du philosophische Fragen?

Was bringen philosophische Gespräche
für das Leben?

Das Leben welcher drei Personen
hältst Du für sinnvoll?

Hältst Du Dein Leben
für eher sinnlos oder sinnvoll?
Warum?

Hat jede/r einen eigenen Sinn des Lebens,
oder gibt es einen Sinn des Lebens
für alle?

Was ist der Sinn des Lebens?

(Warum) Strebst Du im Leben eher nach Sinn als nach
Unsinn?

Was gibt Deinem Leben Sinn?

HABEN **MENSCHEN** EINEN
freien Willen?
WENN JA, WOHER WEISST DU DAS?

Wünscht Du Dir ein/e Partner/in,
die eher Supermodel oder Philosoph/in wäre?

Wärst Du lieber Supermodel oder Philosoph/in?

Was ist das Gegenteil von Intelligenz?

Das Wahre, das Schöne oder das Gute? Warum?

(WARUM) GEHÖREN DAS GUTE UND DAS SCHÖNE ZUSAMMEN?

„Wahrheit ist Schönheit", sagte der Dichter John Keats.
(Warum) Teilst Du seinen Gedanken?

Gelangt man mit Liebe zur Wahrheit?

Welche/r Philosoph/in sagt Dir am meisten?
Warum diese/r?

Nenne das Zitat eines/r Philosophen/in?
Was bedeutet das Zitat für Dich?

GIBT ES DIE WELT,

ODER EXISTIERT DIE WELT

NUR IN UNSERER

Vorstellung?

WORAN MACHST DU DEINE

HALTUNG FEST?

Was glaubst Du, ist der Grund
der menschlichen Existenz?

(Warum) sollten Menschen nach
Objektivität streben?

Sammelst Du Informationen, ohne zu urteilen?

Was meinte Heraklit mit:
„Alles fließt"?

Was bedeutet Weisheit?

Welche Wahrheit/en hast Du schon gefunden?

(WARUM) GLAUBST DU AN DIE AUSSAGE,
„WER SEINE GEDANKEN ÄNDERT,
ÄNDERT SEIN LEBEN"?

Wenn niemand Dich dafür kritisieren
oder richten würde,
was würdest Du anders machen?

(Warum) sollte man
die richtigen Dinge machen, anstatt
die Dinge richtig zu machen?

WAS BEDEUTET
Schicksal?

Was ist die Seele?

(Wie) Zeigt sich die Seele?

Was passiert mit seiner Seele,
wenn ein Mensch stirbt?

Wer oder was hat Gott gemacht?

Wer oder was ist Gott?

Wie bedeutsam ist der Mensch?

(Warum) Gibt es etwas und nicht nichts?

Wie lautet die wichtigste philosophische Frage?

Wie lautet die wichtigste philosophische Antwort?

Worüber sollte man schweigen?

8
GESELLSCHAFT
UND POLITIK

Welches Kollektiv findet Deine Zustimmung?
Wofür?

Welcher Gemeinschaft würdest Du
gern mehr Geld spenden,
wenn Du es aufbringen könntest?

Bewirkt eine leise Revolution mehr oder eine laute?

WELCHE/R POLITIKER/IN DER
GESCHICHTE *beeindruckt* DICH?

Welche/n aktuelle/n Politiker/in
bewunderst Du am meisten? Wofür?

(Warum) Ist „Politiker/in" ein erstrebenswerter Beruf?

Welche drei aktuellen Politiker/innen
oder Unternehmer/innen
sollten auf Deinen Wunsch hin sofort
vom Erdboden verschluckt werden?

Welche dieser Gruppen wird die Gesellschaft
der Zukunft wohl am ehesten prägen:
Politiker, Unternehmer, Militärs,
Vertreter von Nichtregierungsorganisationen (NGOs),
die Jugend, Journalisten, Intellektuelle,
Künstler oder Privatleute?

Folgst Du lieber einem Vorbild oder bist Du lieber
selbst Vorbild?

Gehst Du gern oder ungern in der Menge unter?

KÄMPFEN, ANPASSEN ODER FLÜCHTEN?

Sagst Du, was Du tust, oder tust Du,
was Du sagst?

Wie definierst Du Deinen Platz
in der Gesellschaft?

Liebst Du eher die Menschheit oder einzelne
Menschen? Warum, und wie stellst Du Dir
die andere Variante vor?

Welches Land verhält oder verhielt sich bisher
politisch am vorbildlichsten?

Kann Autokratie mehr
Gutes oder mehr Schlechtes bewirken?
Warum?

(WIE) KÖNNEN MENSCHEN DIE „HERRSCHAFT DES VOLKES" VERWIRKLICHEN?

Wer oder was sind für Dich
Helden des Alltags?

Welche Helden des Alltags kennst Du?

Wie hat sich das Bild des Helden
durch die Geschichte hinweg verändert?

Welches Männerbild herrscht in der heutigen
westlichen Gesellschaft vor?

Wie beurteilst Du das aktuelle Männerbild?

Welches Frauenbild
herrscht in der heutigen
westlichen Gesellschaft vor?

Wer hat es in der heutigen westlichen
Gesellschaft besser, Männer oder Frauen?
Warum?

Wie beurteilst Du das
aktuelle Frauenbild?

(Wie) Könnte ein Matriarchat
der Menschheit helfen?

WAS IST EIN MÜNDIGER Bürger?

Was ist ein unmündiger Bürger?

Wo(mit) beginnt Politik?

(Wann) Ist das Private politisch?

(Wie) Können Internet-Postings Politik und
Gesellschaft verändern?

~

WELCHE ROLLE SPIELT DAS
INTERNET FÜR
DIE Politik DER ZUKUNFT?

~

Politisiert oder entpolitisiert
das Internet die Nutzer/innen?
Wie und warum?

Wie sieht die
ideale Staatsform aus?

(Warum) Sollten Kinder
ab 16 wählen dürfen?

(WARUM) SOLLTEN MENSCHEN EIN BEDINGUNGSLOSES
GRUNDEINKOMMEN ERHALTEN?

(Warum) Sollte man ein behindertes Kind
zur Welt bringen?

Kennst Du eine/n Geflüchtete/n persönlich?
Warum (nicht)?

Wie könnte man die weltweite
Migration bewältigen?

Sollten mehr oder weniger Kinder
geboren werden?

Wie sollten die Jungen mit den Alten umgehen?

Wie sollten die Reichen
mit den Armen umgehen?

(Wie) Befördern transatlantische Beziehungen
den Weltfrieden?

Wem gehört die Luft?

Wem gehören die Meere?

WEM GEHÖRT DER REGEN?

Wie könntest Du mehr zum Umweltschutz beitragen?

Tue Gutes und rede oder schweige darüber?

Wofür gehst Du auf die Straße
zum Demonstrieren?

Hat Politik mehr mit Eitelkeit
oder mit Überzeugung zu tun?

Welche Eigenschaften sollten Führungsfiguren
auf jeden Fall haben?

(WORIN)
UNTERSCHEIDET SICH
DER FÜHRUNGSSTIL
VON
Männern
UND *Frauen?*

Braucht die westliche Welt
mehr Frauen an der Spitze von Politik,
Wirtschaft und Wissenschaft?
Warum (nicht)?

~

MIT WELCHER IDEOLOGIE WÜRDE DIE MENSCHHEIT EINER *guten* *Zukunft* ENTGEGENGEHEN?

~

(Wie) Hast Du Dich schon
politisch engagiert?

Wer oder was könnte Dich
in die Politik treiben?

Wenn Du eine Partei gründen solltest,
auf welche fünf Prinzipien würdest Du
ihre Mitglieder einschwören?

Welche Medizin oder Kur
würdest Du der gesamten Menschheit verordnen?

Wenn Du die Weltregierung hättest,
wäre das besser oder schlechter für die Welt?
Warum?

Wenn Du die Weltregierung hättest,
wäre das besser oder schlechter für Dich?
Warum?

Welche Rolle spielst Du für die Gesellschaft?

DU KÖNNTEST IM HANDUMDREHEN DIE
GESELLSCHAFT VERÄNDERN.
WAS WÜRDEST DU ALS ERSTES UND SOFORT ÄNDERN?

9

MACHT UND OHNMACHT

(Warum) Braucht man Macht,
um etwas zu bewirken?

Nenne drei mächtige Personen. Nutzen diese ihre
Macht eher positiv oder negativ?

Was bedeutet es, Macht positiv zu nutzen?

Was kennzeichnet einen Machtmenschen?

Welcher Machtfigur bist Du schon
persönlich begegnet?

Wie reagierst Du spontan auf eine Machtfigur?

Was heißt Macht?

Was hat Macht mit Intelligenz zu tun?

Was hat Macht mit Schönheit zu tun?

Wer hat mehr Macht, der/die Kluge
oder der/die Schöne?

Ist Macht sexy oder unsexy?
Warum?

Was an der Macht ist erotisch?

Was an der Macht ist abstoßend?

WAS HAT MACHT MIT *Geld* ZU TUN?

(Warum) Sind Mächtige auch „arm dran"?

(Warum) Ist es so:
„Wer macht, hat Macht"?

(Wie) Kann man Macht lernen?

~

SOLLTE ES „MACHT" ALS
Schulfach GEBEN?

~

(Wie) Kann es ein Zusammenleben
ohne den Gegensatz von Macht-Ohnmacht geben?

(Warum) Ist Ohnmacht auch eine Macht?

Umgibst Du Dich eher mit Mächtigen
oder mit Ohnmächtigen? Warum?

Was ist ein Machtmensch?

In welchen Machtmenschen
hast Du Dich einmal verliebt?

Bist Du ein Machtmensch?

(Warum) Stärkt es Dich,
wenn Du andere schwächst?

(Warum) Stärkt es Dich,
wenn Du andere stärkst?

Übernimmst Du in Sondersituationen
gern mal die Führung?
Warum (nicht)?

BESCHREIBE DICH ALS FÜHRUNGSKRAFT.
WIE FÜHRST DU ANDERE?

Wie gut lässt Du Dich führen?

(Warum) Stimmt es, dass wer gut folgen kann
auch gut führen kann?

Hast Du über Menschen und Situationen gern
die Kontrolle? Warum?

Wie übst Du Kontrolle aus?

(Inwiefern) Reizt Dich Macht?

Welche Machtinstrumente besitzt Du?

Setzt Du deine Machtinstrumente ein? Wozu?

Wie reagieren andere auf das Ausspielen
Deiner Macht?

Wie fühlst Du Dich
IN EINER SITUATION,
IN DER DU MACHT BESITZT?

Wie viel Macht willst Du haben?

Bist Du leicht oder schwer manipulierbar?

In welchen Situationen kann es gut sein,
manipuliert zu werden?

(WARUM) DARF MAN HIN UND WIEDER ANDERE BENUTZEN
UND MANIPULIEREN, UM ZIELE ZU ERREICHEN?

Benutzt oder manipulierst Du andere,
um Deine Ziele zu erreichen?

(Wie) Manipulierst Du andere Menschen erfolgreich?

Was bringt Dich dazu, Dich mächtig zu fühlen?

Was bringt Dich dazu, Dich ohnmächtig zu fühlen?

Setzt Du auch Ohnmacht als Machtinstrument ein?
Warum und wozu?

Wie reagieren andere auf Deine Ohnmacht?

Welche mächtigen Personen imponieren Dir? Warum?

Welche drei mächtigen Politiker/innen imponieren Dir? Warum?

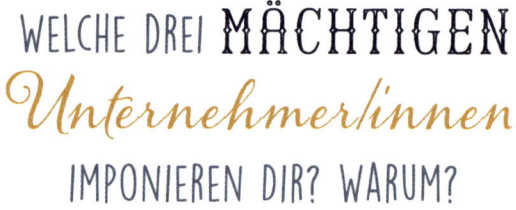

WELCHE DREI MÄCHTIGEN
Unternehmer/innen
IMPONIEREN DIR? WARUM?

Was lässt sich von mächtigen Personen lernen?

Sollten Philosophen an die Macht? Warum (nicht)?

Wer sollte an die Macht?

10
KRIEG

Ist Krieg veraltet? Warum (nicht)?

Was führt zum Krieg?

Welche militärischen Leistungen
bewunderst Du? Warum?

Ist der Drohneneinsatz
ein Fortschritt oder ein Rückschritt
in der Waffentechnik?

(Warum) Befürwortest Du die Aufrüstung?

(Warum) Ist militärische Abschreckung richtig?

(Warum) Ist atomare Abschreckung richtig?

Welche Eigenschaften sollten Kriegsführer/innen
besitzen?

(Warum) Warst Du Soldat/in,
oder wärst Du gern Soldat/in?

Was gefällt Dir am Krieg?

Gibt es in jedem Menschen immer auch
die Lust am Krieg?

Sind Kinder von Geburt an eher gut oder eher böse?

Brauchen Menschen Krieg? Warum (nicht)?

Wie sieht ein gerechter Krieg aus?

WAS HABEN WIRTSCHAFT UND WETTBEWERB
MIT KRIEG GEMEINSAM?

Welche kleinen Kriege trägst Du so aus?

IST DIE Menschheit OHNE KRIEGE DENKBAR?

Was bedeutet Vernichtung?

Wie beendet man einen Krieg?

(Wie) Kann Krieg für immer ausgerottet werden?

11
TOD UND TEUFEL

Welche Farbe hat der Tod?

Wie riecht der Tod?

Wie riecht eine Leiche?

Wie erklärst Du einem Kind den Tod?

JEMAND SENDET DIR EINE ANONYME *Todesdrohung.* WIE REAGIERST DU DARAUF?

(Warum) Wüsstest Du gern Dein genaues
Todesdatum wissen?

Du wüsstest, dass Du nur noch eine Woche
zu leben hast. Was würdest Du tun?

(Wann) Hattest Du schon einmal den Gedanken:
Dieser Moment ist vollendet, jetzt könnte ich sterben?

Hattest Du schon einmal einen Moment,
in dem Du dachtest, jetzt sterbe ich?
(Wie) Hast Du daraufhin Dein Leben verändert?

Was möchtest Du vor Deinem Tod
noch alles erreichen?

Was würdest Du kurz vor Deinem Tod
noch alles erledigen?

Welche Probleme der Menschheit
würdest Du vor Deinem Tod
gern ansatzweise gelöst wissen?

Wer sitzt an Deinem Totenbett,
und was sagst Du zu dieser/n Person/en?

(Warum) Wolltest Du schon einmal sterben?

WAS MACHT DICH AUF
DEN TOD *neugierig?*

Möchtest Du vorher wissen,
dass Du stirbst, oder lieber überrascht werden?
Warum?

(Warum) Hast Du Angst vor dem Tod?

Was wäre für Dich die schönste Art zu sterben?

WAS WÜRDEST DU ALLES HERGEBEN, UM LÄNGER ZU LEBEN?

Dein Tod könnte das Leben eines
anderen Menschen retten. Für welche/n Menschen
würdest Du in den Tod gehen?

Welche Mittel außer Medikamenten und
Fitness gibt es gegen den Tod?

(Wie) Arbeitest Du gegen den Tod an?

Würde Dich der Gedanke an Deine Unsterblichkeit
erfreuen oder entsetzen? Warum?

(Warum) Ist der Tod wichtig für das Leben?

Was hat der Tod mit Deinem Leben zu tun?

Der Tod welcher Person hat Dich bisher
am meisten getroffen?

Woran starb der Mitgründer und Leadsänger
der Band, die den Song "Should I stay or should I go"?
gesungen hat?

Welche/n Verstorbene/n möchtest Du mindestens
noch einmal zum Abendessen treffen? Wozu?

Du dürftest eine/n Verstorben/e anrufen.
Wen würdest Du anrufen, und was würdest
Du sagen wollen?

VOR WELCHER PERSON WILLST DU UNBEDINGT STERBEN,
UM DEREN TOD NICHT ERTRAGEN ZU MÜSSEN?

Wer tut Dir leid, wenn Du an Deinen Tod denkst,
Deine Mitmenschen oder Du Dir selbst?

Welche Leiche hast Du schon gesehen?
(Warum) Hättest Du Dir dieses Erlebnis
lieber erspart?

WAS MAGST DU,
und was stört Dich
AN BEERDIGUNGEN?

Wen betrauerst Du bei einer Beerdigung,
die verstorbene Person oder Deinen Verlust?

Wie willst Du begraben werden?

Wo willst Du begraben werden?

Was sollte auf Deinem Grabstein stehen?

Welche ist die am meisten
stinkende Leiche in Deinem Keller?

Glaubst Du an die Beichte und Vergebung der Sünde?
Warum (nicht)?

Welche Sünde oder welches Vergehen
wirst Du mit ins Grab nehmen,
ohne dass Dir die Last genommen werden kann?

Was wäre Deine Henkersmahlzeit?

Mit wem würdest Du vor dem Tod
zuletzt sprechen wollen?

Wenn es den Himmel geben würde,
was würde Gott an der Himmelspforte zu Dir sagen?

Der Tod welcher Person würde Dich
am tiefsten treffen? Warum?

Wem wünschst Du den Tod?

WAS PASSIERT nach
dem Tod?

Was hat die Seele mit dem Tod zu tun?

Hilft Dir der Glaube beim Gedanken an den Tod,
oder irritiert er Dich in dem Zusammenhang? Warum?

Wie sieht der Himmel und wie sieht die Hölle aus?

Wo landest Du nach dem Tod,
und wie sieht es dort aus?

WER ODER WAS IST DER TEUFEL?

Hast Du den Teufel schon getroffen? Wie sieht er aus?

Was ist an Dir teuflisch?

Was ist für Dich das blanke Grauen?

Wie würdest Du Dein Leben leben oder gelebt haben,
wenn Du vorher gewusst hättest, dass Du insgesamt
nur 40 Jahre zu leben hättest?

Wenn Du morgen sterben müsstest,
was würdest Du am meisten bedauern,
bereuen oder betrauern?

Nur ein Porträtfoto würde nach Deinem Tod an Dich
erinnern. Welches?

Was bleibt nach dem Tod vom Menschen übrig?

12

VISIONEN

Gehören Menschen mit Visionen
in ärztliche Therapie oder an die Spitze von
Regierungen und Organisationen?

Leben wir in der besten aller möglichen Welten?
Warum (nicht)?

(Warum) Sah die Welt vor 1000 Jahren freundlicher oder düsterer als derzeit aus?

~

SIEHT DIE WELT IN 50 JAHREN FREUNDLICHER ODER DÜSTERER ALS DERZEIT AUS? WIE SIEHT DIE *Welt* DANN AUS?

~

Was ist Deine Vorstellung vom irdischen Glück?

Was ist Deine Vorstellung von Unglück?

Welche Temperatur hat die Zukunft?

Welche Farbe hat die Zukunft?

Welchen Geschmack hat die Zukunft?

Welchen Geruch hat die Zukunft?

Wie sieht Deine positive Vision
für die Zukunft der Menschheit aus?

Wie stellst Du Dir die schlimmste Dystopie vor?
Für wie realistisch hältst Du sie?

Gibt Leben jenseits der Erde?
Wie sieht es aus?

Wie sieht die ideale Form
des Zusammenlebens unter Menschen aus?

INTERESSIERST DU DICH MEHR FÜR DAS,
WAS IST, ODER FÜR DAS,
was möglich wäre?
WARUM?

Wie genau planst Du Deine Zukunft?

WELCHE ROLLE SPIELT DER ZUFALL IN DEINEM LEBEN?

Welches zukünftige Ereignis hast Du
schon vorausgesehen?

(Warum) Sollte man Sehern/Seherinnen glauben?

Wie lautet die Vision für Dein Leben,
und arbeitest Du an ihrer Umsetzung?

Ist jeder seines Glückes Schmied?
Warum (nicht)?

Hat man Glück, oder schafft man das Glück? Warum?

Bist Du ein Glückspilz, oder ziehst Du öfter
das Pech an? Worin liegen die Ursachen dafür?

Welcher Glücksbringer begleitet Dich?

GLAUBST DU,
DASS DEIN GLÜCK VON

ÄUSSEREN FAKTOREN

ABHÄNGT, ODER
DASS ES SICH NACH
GEWISSER ZEIT WIEDER
AUF DEIN ÜBLICHES

Glücksniveau

EINPENDELT?

Durch welche neuen
äußeren Bedingungen könntest Du
Dein Glück dauerhaft steigern?

WORIN BESTEHT DEINE GRÖSSTE SEHNSUCHT?

Wie heißt Dein persönlicher
Königsweg zum Glück?

Wie sehr liebst Du das Leben?

Welche Erwartungen stellst
Du an Dein Leben?

Welche Erwartungen stellst Du an
Deine Mitmenschen?

Wozu nützen Erwartungen?

In welcher/n Situation/en
rätst Du jemandem dazu,
die Hoffnung aufzugeben?

Welche Hoffnung hast Du aufgegeben?

Welche Hoffnung wirst Du nie aufgeben?

Du bist todkrank,
und jemand spricht Dir Hoffnung zu.
Was fühlst und denkst Du darüber?

WAS HAT **HOFFNUNG**
MIT *Illusionen*
ZU TUN?

Lähmen oder motivieren
Hoffnungen eher?

Hoffst Du eher für andere oder für Dich selbst?
Warum?

Was ist Deine größte Hoffnung für Dich?

Was ist Deine größte Hoffnung für
die Menschheit?

III
DU UND DIE
ANDEREN

1
KONTAKT

Stehst Du in einem vollen Raum
eher an der Wand oder in der Mitte? Warum?

In welcher Situation blühst Du auf:
alleine, zu zweit, in einer kleinen oder
in einer großen Runde?

Wirst Du anderen eher vorgestellt,
oder bist Du der- oder diejenige, der/die andere
einander vorstellst? Wie ist das jedes Mal für Dich?
Wie ist das für die anderen?

Wie gern stehst Du im Mittelpunkt?

Wie fühlst Du Dich, wenn Du im Mittelpunkt stehst?

BRAUCHST DU BEWUNDERUNG? VON WEM UND WIE OFT?

Fremdelst Du erst einmal,
oder gehst Du
offen auf Fremde zu?

Was macht einen ersten Eindruck aus?
Worauf achtest Du sofort?

Was sagt am meisten über einen unbekannten
Menschen aus?

Steckst Du andere Menschen
in Schubladen? Welche Etiketten haben
Deine Schubladen?

WELCHE *Art* VON MENSCHEN
HÄLTST DU AUF ABSTAND?

Welche Vulgarität stößt Dich ab?

WAS IST *Höflichkeit* ANDERES ALS EINE VORNEHME FORM DER VERSTELLUNG?

Magst Du lieber sichere oder unsicherere Menschen? Warum?

Magst Du Perfektionisten? Warum (nicht)?

Welche Vorteile haben Außenseiter?

Tauschst Du ein gutes Buch oder ein Videospiel häufig gegen eine gesellige Unternehmung ein? Warum (nicht)?

Was machst Du normalerweise anders als fast alle anderen Menschen?

Wie viele Menschen braucht ein Mensch?

Wie viele Menschen erträgt ein Mensch?

Was bedeutet Männlichkeit?

Was bedeutet Weiblichkeit?

Hast Du mehr männliche oder mehr weibliche
Anteile? Welche?

ZIEHST DU DER ZUSAMMENARBEIT DEN WETTBEWERB
VOR ODER UMGEKEHRT? WARUM?

Du führst ein Unternehmen.
Fällt es Dir leicht oder schwer, loyale
Mitarbeiter zu entlassen,
weil sie schlechte Leistungen erbringen?
Warum?

Du triffst Deine/n Vorgesetzte/n in der Sauna.
Wie reagierst Du?

Du triffst Deinen neuesten Schwarm in der Sauna.
Wie reagierst Du?

Du hast 100.000 Euro übrig. Wem gibst Du die?

Welchen Mann bewunderst Du sehr?

Welche Frau bewunderst Du sehr?

Welche Frau der Geschichte bewunderst Du?

Welchen Mann der Geschichte bewunderst Du?

MIT WELCHEM LEBENDEN ODER TOTEN MENSCHEN
WÜRDEST DU GERN EINMAL ZU ABEND ESSEN? WARUM?

Bewunderst Du eher erfolgreiche oder
eher liebevolle Menschen? Warum?

Was sind die 5 wichtigsten Eigenschaften
für eine Frau?

Was sind die 5 wichtigsten Eigenschaften
für einen Mann?

Welche dieser Eigenschaften besitzt Du selbst?

Welche Eigenschaft von Menschen wird unterschätzt?

Neigst Du dazu, Menschen in Kategorien einzuteilen?
In welche?

Bewunderst Du mehr Personen weiblichen
oder männlichen Geschlechts?

Welche Charakterstärken ziehen Dich an?

MIT WELCHEN
CHARAKTERSTÄRKEN
ZIEHST *Du* ANDERE AN?

Kannst Du andere leicht mitreißen?
Wie?

Womit ziehst Du Fremde sofort
in Deinen Bann?

Kannst Du leicht Freunde gewinnen? Warum?

Vergeudest Du die Zeit anderer Leute?
Wodurch?

KENNST DU DEN **NAMEN**
des Bäckers
BEI DIR UM DIE ECKE? WARUM (NICHT)?

Wem hast Du zuletzt eine Postkarte geschrieben?
Warum?

Wie fühlt sich Kontaktlosigkeit an?

WOMIT KANN MAN DICH IN RAGE BRINGEN?

In welcher Situation siehst Du
keinen anderen Ausweg, als zuzuschlagen?
Würdest Du zuschlagen?

Wen würdest Du gern einmal
so richtig verdreschen?

Beleidigst Du manchmal Leute? Warum?

(Warum) Triffst du immer noch Leute, die Du gar nicht
treffen willst?

Bei wem willst Du Dich rächen? Wie?

Was bedeutet Respekt?

Wofür respektierst Du Dich selbst?

Wofür

WIRST DU
VON ANDEREN

ZU WENIG

RESPEKTIERT?

Wie stark lässt Du es zu,
dass andere Deine Handlungen
beeinflussen?

Siehst Du Dich als Einzelgänger,
Paarmensch oder Gruppenmensch?

Wie sehen andere Dich?

Bist Du Akteur/in oder Beobachter/in?

Bist Du Neider/in oder Gönner/in?

WORAN ERKENNST DU, DASS DU NEIDISCH BIST?

Woran erkennst Du, dass andere auf Dich
neidisch sind?

Worum beneidest Du andere?

Worum beneiden Dich andere?

(Wozu) Spornen Dich Deine Nachahmer an,
oder ärgern sie Dich? Warum?

Womit provozierst Du andere?

Welche Menschen schrecken Dich ab?

Welche Menschen ziehen Dich an?

Anrufen oder texten?

Ein/e Fremde/r zwinkert Dir zu. Was denkst Du?

Ein/e attraktive/r Fremde/r steckt Dir seine/ihre
Telefonnummer zu. Was machst Du damit?

GEHST DU HÄUFIGER AUF ANDERE ZU,
ODER GEHEN ANDERE HÄUFIGER AUF DICH ZU?

Wirkst Du auf andere eher sympathisch oder
unsympathisch? Warum?

(Warum) Wirst Du lieber
geliebt oder gefürchtet?

(Warum) Neigst Du dazu, andere zu kritisieren?

WAS IST DEINE
meistgenutzte AUSREDE?
WER HÖRT DIESE AUSREDE AM HÄUFIGSTEN?

Bist Du nachtragend,
oder vergibst Du schnell?

Bei wem möchtest Du Dich unbedingt
noch bedanken, bevor es dafür zu spät ist?
Wofür möchtest Du Dich bedanken?

Wann bedeutet Verschweigen Lügen?

Welche Deiner Eigenschaften übersehen
die meisten Menschen? – Warum übersehen sie
diese Eigenschaft/en?

Wenn jemand traurig ist,
bietest Du ihr/ihm eher emotionalen Trost an
oder schlägst Du ihm/ihr
Problemlösungsstrategien vor? Warum?

GEHST DU **SCHWIERIGEN**
SOZIALEN *Situationen* AUS DEM
WEG, ODER GEHST DU SIE DIREKT AN?

(Warum) Kann man sich auf
Dich verlassen?

Machst Du es eher anderen recht oder Dir selbst?
Wie hängt beides zusammen?

Kannst Du anderen direkt sagen, was Du willst?

KANNST DU DICH GUT DURCHSETZEN? WIE?

Machst Du Dir oft Gedanken darüber,
wie Dein Verhalten sich auf andere auswirkt?

Gelingt es Dir eher leicht oder schwer,
Dich in die Gefühle anderer zu versetzen?

Kannst Du in den Gesichtern anderer Menschen lesen?

(Woran) Erkennst Du, ob jemand lügt?

Hast Du Dich schon bewusst anlügen lassen?
Warum?

Welche Person hast Du bisher
am häufigsten angelogen?

Was lösen die Tränen von anderen bei Dir aus?

Zeigst Du Deine Gefühle oder
erklärst Du sie?

Was verrätst Du jemandem über Dich,
der Dich interessiert?

Was muss ein Mensch tun,
damit Du ihn komplett ablehnst?

Was muss ein Mensch tun, damit Du ihn für
immer ins Herz schließt?

Warum schließen andere Dich in ihr Herz?

(Wie sehr) Interessierst Du Dich für
die Probleme anderer?

BEDEUTET KRITISCH SEIN, DAS KRITISIERTE MEHR
ODER WENIGER ZU LIEBEN?

Wen misst Du mit strengeren Maßstäben,
Dich selbst oder andere?

STÖREN ODER *inspirieren*
DICH DIE GEHEIMNISSE ANDERER MENSCHEN?

Wen würdest Du gern einmal einen ganzen Tag lang
ausspionieren? Warum?

In Gegenwart welcher Person/en blühst Du auf?

Wen willst Du unbedingt kennenlernen? Warum?

Welche Person hättest Du am liebsten
niemals getroffen?

Welche Erlebnisse willst Du mit anderen teilen?
Warum?

Welche Erlebnisse willst Du nicht mit
anderen teilen und nur für Dich alleine haben?
Warum?

Siehst Du das Bedürfnis
nach anderen Menschen als
Stärke oder Schwäche an?

Was ist Deine größte soziale Stärke?

(Warum) Bist Du mit Deinen
Beziehungen zu anderen (nicht) zufrieden?

Wie könntest Du die Beziehungen
zu anderen verbessern?

Was ist der beste Rat,
der Dir gegeben wurde?

Wofür sollten andere Dich bewundern?

WOFÜR SOLLTEN ANDERE
Dich lieben?

Welcher Person vertraust Du am meisten? Warum?

Was hindert Dich daran, jemandem zu vertrauen?

TRAUST DU DIR SELBST ÜBER DEN WEG?

(Warum) Sollte man Dir besser nicht trauen?

Mit wem redest Du gern über Deine Gefühle?

Was sagst Du zu jemandem,
der völlig verzweifelt ist?

Wem würdest Du Deine Niere spenden?

Wer würde Dir seine/ihre Niere spenden?

Wer darf Dir nahekommen? Wie oft?

Mit wem kannst Du Dich telepathisch verbinden?

WENN

heute Nacht

DIE WELT UNTERGINGE,

MIT WEM
WÜRDEST DU DICH
ZUSAMMENTUN?

Wenn Du nur eine Frage hättest,
welche Frage stellst Du einem Menschen,
der Dich interessiert?

Mit wem
isst Du heute zu Abend?

2

SCHENKEN UND
EINSCHENKEN

Wer sollte Deinen
Geburtstag auf gar keinen Fall
vergessen?

Die Geburtstage welcher
Menschen kennst Du,
ohne in den Kalender zu schauen?

Können andere sich Deinen Geburtstag
besser merken, oder kannst Du Dir den Geburtstag
der anderen besser merken? Warum?

Wie viele Personen gratulieren Dir mindestens
zu Deinem Geburtstag?

Könnten es mehr oder weniger
Geburtstagsgratulanten sein?

Erfordert ein Geschenk immer ein Gegengeschenk?

Wird generell zu viel oder zu wenig geschenkt?

Das Geschenk von welcher Person würdest Du
auf jeden Fall ablehnen?

WARUM SOLLTEN GESCHENKE MANCHMAL PROVOZIEREN?

(Wen) Wolltest Du schon einmal
mit einem Geschenk provozieren?

Welche Geschenke
bastelst Du heute noch manchmal?
Für wen?

~

BEKOMMST DU GERN
selbst gebastelte GESCHENKE?
WARUM (NICHT)?

~

Wirst Du lieber vorher gefragt,
was Du Dir zum Geburtstag wünschst,
oder wirst Du lieber überrascht?

Hast Du schon einmal ein Geschenk,
das Dir jemand gemacht hat, weiterverschenkt?
Warum?

Fällt es Dir schwer zu schenken?
(Warum) nicht?

Was ist Dein Lieblingsgetränk an
Deinem Geburtstag?

Was ist Dein Lieblingslied an Deinem Geburtstag?

Findest Du den Gedanken enttäuschend
oder entspannend, dass Geburtstage
in Afghanistan keine Bedeutung haben?
Warum?

Feierst Du an Deinem Geburtstag immer,
meist oder nie? Wie?

Wer war bisher am häufigsten bei
Deinem Geburtstag bei Dir?

WER IST DER HÄUFIGSTE *Absender*
DER KARTEN, BRIEFE ODER PAKETE,
DIE DU ERHÄLTST?

An wen schickst Du die meisten Karten,
Briefe oder Pakete?

WEM SCHICKST DU DIE MEISTEN DIGITALEN
TEXTNACHRICHTEN?

Von wem bekommst Du die meisten
digitalen Textnachrichten?

Wäre es Dir lieber,
jemand anderes würde Dir mehr digitale
Textnachrichten senden?

Achtest Du bei digitalen Textnachrichten
auf Form, Rechtschreibung
und einen angenehmen Sprachstil?
(Warum) nicht?

Was ist eine Hochzeitsliste?

Zeugen Hochzeitslisten
von Liebe, Liebe zum Detail, Pragmatismus,
Materialismus oder Kontrollwahn?

Was ist das ideale Hochzeitsgeschenk
des einen Partners
an den anderen und umgekehrt?

Was sind passende Gelegenheiten zum Schenken?

Was sind passende Gelegenheiten,
um beschenkt zu werden?

Was wäre das schönste Geschenk an Deine Mutter?

Was wäre das schönste Geschenk an Deinen Vater?

Welche Rolle spielen Geschenke in Deiner Familie?

Spiegelt EIN GESCHENK
MEHR DIE/DEN SCHENKENDE/N ODER
DIE/DEN BESCHENKTE/N? WARUM?

Welche Bedeutung haben Geschenke
für eine Gesellschaft?

Welche Bedeutung haben Geschenke für Dich?

3
STREITKULTUR

Gehen die meisten Menschen zu friedlich oder
zu aggressiv miteinander um? Warum?

Wie verhältst Du Dich, wenn zwei andere streiten?

Rätst Du bei Konflikten eher zu Gerechtigkeit oder
zum Kompromiss? Warum?

Was bedeutet Kompromissfähigkeit?

Wie gehst Du normalerweise mit
anderen Menschen um?

Wie oder womit gelingt es anderen,
Dich zu ärgern?

Welche Streiche spielst Du anderen manchmal?

Streitest Du viel und gern? Warum (nicht)?

Wenn Du streitest, worum geht es meist?

Wofür oder wogegen streitest Du?

Mit welcher Person streitest Du am liebsten? Warum?

MIT WELCHER PERSON LEISTEST DU DIR
DIE ERBITTERTSTEN KÄMPFE?

Worin unterscheidet sich ein Streit
von einem Kampf?

Wie streitest Du konstruktiv?

Wie streitest Du destruktiv?

~

WIE GELINGT ES DIR,
DICH GEGEN ANDERE MENSCHEN
abzugrenzen?

~

Provozierst Du andere gerne? Womit?

Schreist Du gern jemanden in der
Öffentlichkeit an?

Redest Du eher zu viel oder zu wenig?

Wie streitest Du wortlos?

Bei wem solltest Du Dich entschuldigen?

Wie leicht fällt es Dir,
Dich zu entschuldigen?

WER SOLLTE SICH BEI DIR ENTSCHULDIGEN?

Wie wichtig ist Dir eine Entschuldigung?

Was entschuldigst Du am ehesten?

Was entschuldigst Du niemals?

Was hast Du jemandem noch zu sagen,
das Du ihm oder ihr noch nicht gesagt hast?

Womit hat gegenseitiges Verständnis
am meisten zu tun?

Woran erkennt man
eine/n gute/n Zuhörer/in?

WIE GUT KANNST DU zuhören?

Beginnst Du eher zu streiten,
als Deinem/r Partner/in zu zeigen,
dass Du sie/ihn begehrst?

(Warum) Kämpfst Du eher gegen
Deine/n Partner/in als gegen Dich selbst?

~

SETZT DU IN EINER PAARBEZIEHUNG MEHR AUF *Empathie* ODER MEHR AUF DAS GESPRÄCH?

~

Hast Du schon einmal den Respekt vor
Deiner/m Partner/in verloren?
Hast Du mit ihr/ihm darüber gesprochen?
Warum (nicht)?

Bist Du ein/e gute/r oder schlechte/r
Verlierer/in?

Was sind die Dir vertrauten
Auslöser für einen Streit?

Was sind die besten Voraussetzungen
für einen Streit?

IST DER STREIT ODER DER AUSGANG DES STREITS WICHTIGER?
WARUM?

Was hältst Du von der Maxime,
dass die/der Unterlegene im Streit stets
sein Gesicht wahren können sollte?

Was wäre so schlimm an einem Gesichtsverlust
beim oder nach dem Streiten?

Wie verläuft ein idealer Streit?

4

MENSCH UND TIER

Hund oder Katze?

Vogel oder Fisch?

Hättest Du einen Schnabel oder ein Maul,
wenn Du ein Tier wärst?

Wenn Du ein Fell besäßest, welche Farbe hätte es?

Welche Rolle spielen Tiere für Menschen?

Haben die Menschen um Dich herum Eigenschaften
von Tieren? Welche am ehesten?
Warum umgibst Du Dich mit solchen „Tieren"?

Welchem Tier fühlst Du Dich am ähnlichsten? Warum?

Haben Tiere Gefühle?
Woher weißt Du das?

Haben Tiere eine Seele? Wie zeigt sie sich?

Sind Menschen eigentlich Tiere?

Sollten Menschen mehr oder weniger wie Tiere sein?
Warum?

WARUM ESSEN
manche Menschen
TIERE?

Tötest Du Mücken normalerweise,
oder bahnst Du ihnen den Weg in die Freiheit?
Warum?

Welches Tier bewunderst Du? Wofür?

Welches Tier ist Dir am sympathischsten?
Warum?

In welchem Buch stellt wer diese Fragen:
„Haben Sie die Enten dort gesehen?
Im Frühling oder so? Und wissen Sie zufällig,
wo die im Winter hinkommen?"?

Umgibst Du Dich mit sympathischen Tieren?
Warum oder warum nicht?

Wenn Du als Tier wiedergeboren würdest,
welches Tier wärst Du dann?

(WAS) KÖNNEN
Menschen VON TIEREN
LERNEN?

~ 5 ~
FREUND UND FEIND

Wer sind Deine Freunde?

Wechseln Deine Freunde mit der Zeit und mit
dem Ort? Warum?

Worin sind sich alle Deine Freunde ähnlich?

Bist eher Du den ersten Schritt auf sie
zugegangen, oder haben Deine Freunde den
Grundstein zu Eurer Freundschaft gelegt?

(Warum) Stimmt der Satz:
„Zeige mir Deine Freunde, und ich sage Dir,
wer Du bist"?

Beschreibe das Besondere der wichtigsten
Freundschaft, die Du je hattest.

AUF WELCHE/N FREUND/IN WÜRDEST DU *niemals* VERZICHTEN WOLLEN?

Welcher vergangenen Freundschaft
trauerst Du häufig nach?
Warum?

Welche Rolle spielt für Dich die Dauer
einer Freundschaft?

(Warum) Könnte jemand für Dich
ein Freund sein, obwohl Du die Person gerade
erst kennengelernt hast?

Was zählt für Dich mehr,
um einen Menschen „Freund/in" zu nennen:
die Dauer einer Freundschaft oder die spontane
Übereinstimmung mit jemandem?
Warum?

Nach welchen fünf Gesichtspunkten
suchst Du Dir Deine Freunde aus?

Welche zehn Menschen
lädst Du auf jeden Fall zu Deiner
nächsten Party ein?

(Warum) Bist Du stolz auf Deine Freunde?

(Warum) Sollten andere froh sein, Dein/e
Freund/in zu sein?

IN WELCHER/M FREUND/IN
HAST DU DICH BISHER
AM MEISTEN GETÄUSCHT?

Wie wäre es möglich,
nach dem Ende einer Freundschaft
diese Freundschaft neu aufleben zu lassen?

Sind Dir Deine Freunde wichtiger,
oder bist Du Deinen Freunden wichtiger?
Warum?

Wer hat Deine Freundschaft mit
Schmeicheleien erlangt?
Wie hat sich diese Freundschaft entwickelt?

Fühlst Du Dich wohler
in einer reinen Männergruppe oder in
einer reinen Frauengruppe?
Warum?

Welche Rolle spielt Humor bei Deinen Freundschaften?

Welche Deiner Freunde sind viel älter oder
viel jünger als Du?

WAS BEREICHERT DICH AN EINER FREUNDSCHAFT
MIT JEMAND WEIT JÜNGEREM?

Was bereichert Dich an einer Freundschaft
mit jemand weit Älterem?

(Warum) Bedeutet Sex mit einem Freund
oder einer Freundin
das Ende einer Freundschaft?

(Warum) Könnte Sex
mit einem/r Fremden den Beginn
einer Freundschaft darstellen?

(WARUM) SOLLTE
DEIN/E LEBENSPARTNER/IN
AUCH DEIN/E *Freund/in* SEIN?

Wie gut kannst Du andere um Hilfe bitten?

Wie fühlst Du Dich,
wenn Du andere um Hilfe bittest?

Wem gegenüber bist Du hilfsbereit?

Wem würdest Du
Deine Hilfe verweigern?

WELCHE

Art der Hilfe

WÜRDEST DU

IMMER

VERWEIGERN?

Wen hast Du schon einmal
im Stich gelassen? Warum?

WER HAT DICH SCHON EINMAL IM STICH GELASSEN?
WIE BIST DU DAMIT UMGEGANGEN?

(Warum) Warst Du schon einmal ganz
ohne Freunde?

Wessen Gedanken würdest Du gern lesen können?

Suchst Du Dir Deine Freunde auch nach
dem Aussehen aus? Warum?

Wie gewinnst Du Freunde?

Wie viele Menschen könntest Du nachts anrufen
und um Hilfe bitten?

Weinen Deine Freunde
sich häufig bei Dir aus?
Warum (nicht)?

Zu wem gehst Du,
um Dich auszuweinen?

Mit wem teilst Du Deine glücklichsten Momente?

WESSEN NÄHE SUCHST DU,
WENN ES DIR SCHLECHT GEHT?

Bei welchem Deiner Freunde/innen kannst
Du Dich richtig fallen lassen?

Wie wichtig ist ein bester Freund/eine
beste Freundin für Dich?

Sind Geheimnisse bei Dir sicher?

Liest Du heimlich Kalendereintragungen,
Textnachrichten oder Tagebücher von
jemand anderem?

Was könnte Dich dazu bringen,
dass Du ein Geheimnis ausplauderst?

Ein/e Freund/in braucht viel Geld und bittet Dich, gemeinsam eine/n dritte Person zu bestehlen. (Warum) Willigst Du ein?

Du hast mit Deinem/r Freund/in eine Bank überfallen. Wenn Du den/die andere/n wegen Eures Diebstahls mitbeschuldigst, drohen Dir drei Jahre Gefängnis. Wenn Du den/die andere/n nicht mitbeschuldigst, droht Dir nur ein Jahr Gefängnis. Du weißt in beiden Fällen nicht, wie viele Jahre Gefängnis dem anderen drohen. Verpfeifst Du Deine/n Freund /in? Warum (nicht)?

Bist Du mit Deinen Kolleg/inn/en befreundet?

(WIE) BAUST DU STRATEGISCH *Freundschaften* AUF?

Welches Tier ist jetzt oder war schon einmal Dein Freund?

Wer oder was außer einem Menschen
oder einem Tier
könnte noch ein Freund sein?

Mit wem würdest Du Dich
auf Dauer lieber umgeben:
mit jemandem, der/die immer glücklich ist,
oder mit jemandem, der/die immer traurig ist?
Warum?

EIN FREUND REDET
hinter Deinem Rücken
SCHLECHT ÜBER DICH, UND
DU ERFÄHRST DAVON. WIE GEHST DU
DAMIT UM?

Welche Rolle spielt Kritik in einer Freundschaft?

Kennst Du die Freundschaft zwischen
Ungleichen (eine/r ist viel schlauer, schöner,
reicher etc. als der/die andere)? Wie gehst Du damit
um? Wie geht die/der andere damit um?

DEIN FLUGZEUG STÜRZT AB. AN WEN SETZT DU DEINE
LETZTE TEXTNACHRICHT AB? WELCHEN INHALT HAT SIE?

Wie würde jemand Dich beschreiben,
der oder die Dich mag?

Wie würde jemand Dich beschreiben,
der oder die Dich nicht mag?

In welcher der beiden Beschreibungen
erkennst Du Dich eher wieder? Warum?

Wie würde Dein/e beste/r Freund/in
Dich kurz beschreiben?

Auf wen könntest Du eher verzichten,
auf Deine/n Partner/in oder Deine guten
Freund/e/innen?

Hast Du einen Freund,
den Du vor anderen verheimlichst?
Warum?

(Warum) Würdest Du mit Freunden
Geschäfte machen?

Ist Dir Erfolg oder Freundschaft wichtiger?
Warum?

Was ist Dir wichtiger, Liebe oder Freundschaft?
Warum?

Aus welchen Gründen würdest Du eine
Freundschaft sofort beenden?

WER ODER WAS HÄLT DICH, WENN DU FÄLLST?

Wofür sollen Deine Freunde Dich immer in
Erinnerung behalten?

Was macht Dich zum guten Freund?

WIE VERWANDELST DU
Freunde IN FEINDE?

Wie verwandelst Du Feinde in Freunde?

Wer sind Deine Feinde?

Wie begegnest Du Deinen Feinden?

Was kennzeichnet einen Feind?

Wissen Deine Feinde, dass sie Deine Feinde sind?
Wodurch?

(Warum) Sollte man sich gezielt Feinde machen?

(Warum) Sind Feinde eine Auszeichnung
und keine Schande?

(Wofür) Könnest Du Deine Feinde bewundern?

Siehst Du Feinde eher als Hindernisse
oder als Motivatoren an? Warum?

(WIE) KANNST DU AN
Deinen Feinden
WACHSEN?

Was macht einen guten Feind aus?

Bist Du Dir eher Dein eigener
Freund oder Feind?

6

FAMILIE

Was ist Dein schönstes Familienerlebnis?

Was ist Dein schmerzlichstes
Familienerlebnis?

Welches Deiner Familienmitglieder
magst Du am liebsten?

Welches Familienmitglied
bist Du am liebsten:
Vater, Mutter, Tochter, Sohn, Enkel …?

Welchem Deiner Familienmitglieder
stehst Du am nächsten?

Mit welchem Familienmitglied
hast Du die größten Schwierigkeiten?

DU MÜSSTEST BEI EINER
FAMILIENAUFSTELLUNG EIN

Familienmitglied

WEGLASSEN –

WELCHES WÜRDEST DU

AUSWÄHLEN,

WEIL ES FÜR DICH NICHT
SO WICHTIG WÄRE?

Welche Familienmitglieder hättest
Du noch gerne?

Welche Familienmitglieder wünschst Du Dir weg?

Mit welchem Familienmitglied
würdest Du auf eine einsame Insel ziehen?

Welchem Familienmitglied vertraust Du blind?

Welches Familienmitglied kennst
Du am besten?

Welchem Familienmitglied vererbst Du alles,
was Du besitzt?

(Warum) Hättest Du gern einen Zwilling?

(WARUM) SOLLTE MAN VATER UND MUTTER EHREN?

Wie sollte man Vater und Mutter ehren?

Welche Beziehung hast Du zu Deiner Mutter?

Welche Beziehung hast zu Deinem Vater?

Wen magst Du lieber, Deine Mutter oder Deinen Vater?

FINDEST DU DEINE ELTERN ATTRAKTIV ODER HÄSSLICH? WARUM?

Ähnelst Du Deinem Vater oder Deiner Mutter
äußerlich mehr?

Ähnelst Du Deinem Vater oder Deiner Mutter
psychologisch mehr?

Welche Frau und welchen Mann
hättest Du lieber zur Mutter und zum Vater gehabt?

In welchen Situationen war Dir Deine Familie
schon einmal peinlich?

Welches Familienmitglied hast Du schon verleugnet?

Welche Prophezeiung
Deiner Mutter oder Deines Vaters
hat sich in Deinem Leben bewahrheitet?

Welche Deiner Lebensentscheidungen kritisieren
Deine Mutter oder Dein Vater am meisten?

Auf welche Deiner Lebensleistungen sind
Deine Mutter oder Dein Vater besonders stolz?
Bist Du auf dieselbe Leistung besonders stolz?
(Warum) nicht?

In welchen Verhaltensweisen ähnelst Du
Deiner Mutter oder Deinem Vater sehr?
(Warum) Stört Dich das?

DENKST DU BEI „FAMILIE" SPONTAN
eher an Geborgenheit
ODER AN UNRUHE UND STREIT?

In welcher Familie fühlst Du Dich wohler
als in Deiner eigenen?

Bist Du stolz auf Deine Herkunft? Warum (nicht)?

Wie sehr interessierst Du Dich für Deine Ahnen?

Ist Familie das Wichtigste, Zweitwichtigste oder
Drittwichtigste auf der Welt? Warum?

WIRD DIE FAMILIE ÜBER- ODER
unterschätzt? WARUM?

Sind Dir Deine Freunde wichtiger als Deine Familie?
Warum?

Verwandtschaft oder Wahlverwandtschaft?

Was würdest Du an der Art,
wie Du aufgewachsen bist, nachträglich
ändern wollen?

HÄTTEST DU GERN EINE ANDERE FAMILIE?
WAS FÜR EINE?

Kannst Du Dir ein Leben
ohne Kinder vorstellen?

Wie viele Kinder hättest Du gern?

Hast Du schon einmal ein Kind geschlagen?
Warum?

In welcher/n Situation/en darf man Kinder schlagen?

Darf man nur eigene oder auch fremde
Kinder schlagen? Warum (nicht)?

(Warum) Kriegen schöne Frauen
eher Töchter als Söhne?

Ist es besser, einen Sohn oder eine Tochter zu haben?
Warum?

Wie sollte man ein Baby am besten tragen?

WELCHE DREI DINGE
WÜRDEST DU *Deinem Kind*
VERBIETEN?

Wäre es Dir lieber,
Dein Kind entwickelt sich zu einem liebenswürdigen
oder zu einem intelligenten Menschen?

Was magst Du an Deiner Familie?

Was schweißt Deine Familie besonders
eng zusammen?

Wie hat die Position in der Geschwisterreihe
(Einzelkind, erstgeboren,
zweitgeboren, etc., Sandwichkind, Nesthäkchen …)
Dich und Dein Leben beeinflusst?

Was braucht eine harmonische
Familie auf jeden Fall?

Was gibst Du (Deinen) Kindern mit auf
ihren Lebensweg?

ZWEISAMKEIT

Was ist der perfekte Ort
für ein erstes Date?

Wie fühlte sich Dein erster Kuss an?

Du willst Dich auf einer
Partnervermittlungsplattform beschreiben.
Welche fünf Adjektive wählst Du dazu aus?

～

MIT WELCHEN FÜNF ADJEKTIVEN BESCHREIBST DU DEINE/N *Idealpartner/in?*

～

„Gleich und Gleich gesellt sich gern" oder
„Ungleiches zieht sich an"?

Jemand gesteht Dir,
sie/er sei in Dich verliebt.
Du bist aber nicht in sie/ihn verliebt?
Wie gehst Du mit der Situation um?

Dir gefällt ein/e Fremde/r.
Wie näherst Du Dich ihr/ihm?

Kennst Du Deine/n
Traummann/Traumfrau persönlich?
Warum (nicht)?

Wie eroberst Du Deine/n
Traumfrau/Traummann?

Wie stark glaubst Du
an Deine Verführungskraft?

Gehören zur Romantik immer zwei?
Warum (nicht)?

(WIE) KANNST DU ROMANTISCHE ERLEBNISSE HERSTELLEN?

Wie romantisch bist Du veranlagt?

Worin äußert sich Deine Romantik oder
Nicht-Romantik?

Was war die romantischste Situation,
die Du je erlebt hast?

AN WELCHEM ORT

FÜHLEN
DU UND DEIN/E LIEBSTE/R
SICH NORMALERWEISE
am wohlsten?

———

WARUM BESUCHT IHR DIESEN
ORT NICHT VIEL ÖFTER?

———

Überrascht Dich Dein/e Liebste/r immer
noch manchmal? Mit welchen Worten,
Dingen oder Taten?

Überraschst Du Dein/e Liebste/r
immer noch manchmal?
Mit welchen Worten, Dingen oder Taten?

Sollte man sich in eine
glückliche Paarbeziehung hineindrängeln, wenn
man sich in eine/n der Beteiligten verliebt hat?

Hast Du schon einmal ein Auge auf die/den
Partner/in Deines/r besten Freundes/Freundin
geworfen? Wie waren die Reaktionen aller
Beteiligten, Du eingeschlossen?

BIST DU SCHON EINMAL ODER MEHRFACH
FREMDGEGANGEN? WIE WAR DAS FÜR DICH,
DEINE/N PARTNER/IN UND DIE DRITTE PERSON?

Würdest Du das Vögelchen in Deinem Nest
auch einmal in ein fremdes Nest fliegen lassen?
Warum?

Bist Du loyal oder treu?

Woran merkst Du, wenn man Dir untreu wird?

Woran könnte Dein/e Partner/in sofort erkennen,
dass Du untreu geworden bist?

WER VON EUCH IST *glücklicher* IN EURER PARTNERSCHAFT? WARUM?

Welchem Vorwurf Deines/r Partners/in stimmst
Du uneingeschränkt zu?

(Wie) Kann eine Fernbeziehung gelingen?

(Warum) Sollten Menschen auch im Privatleben
Verträge miteinander schließen?

Liebesehe oder Vernunftehe?

WAS WÜRDEST DU DER PERSON, DIE DIE EHE ERFUNDEN HAT,
GERN EINMAL SAGEN?

In welchem Falle sollte man heiraten?

Was genau versprichst Du Deinem/r Ehepartner/in,
wenn Eure Ehe offiziell geschlossen wird?

(Warum) Sollte man in einer Partnerschaft
Geheimnisse voreinander haben dürfen?

Welche Art von Geheimnissen
würdest Du Dir und Deiner/m Lebenspartner/in
jederzeit zugestehen?

Wer ist der Mensch, der Dich am besten kennt?

Was sollte jemand,
der näher mit Dir zu tun bekommt,
unbedingt von Dir wissen?

IN WELCHEN SITUATIONEN GLAUBST DU, DEINE **GEFÜHLE** *rechtfertigen* ZU MÜSSEN? WARUM UND WOZU?

Bringst Du in Deinem/r Partner/in
das Beste oder das Schlechteste
ans Tageslicht? Wie?

Was weiß Dein/e Partner/Partnerin nicht von Dir?
Willst Du ihm/ihr das bei Gelegenheit oder niemals
sagen? Warum (nicht)?

Welcher Geheimnisse verdächtigst Du
Deine/n Partner/in?

Was könnte Dich dazu veranlassen,
in den Sachen, Unterlagen oder Mails Deiner/s
Partners/in herumzustöbern?

Hängt Vertrauen in einer Paarbeziehung
mehr von Dir oder mehr vom anderen ab?

Wie entsteht Vertrauen in einer Paarbeziehung?

Bei einem Autounfall verbrennt
das halbe Gesicht Deines/r Partner/in;
die Narben entstellen es fürchterlich.
Bleibt Ihr ein Paar? Warum (nicht?)

Hast Du Deine/n Partnerin
schon einmal über längere Zeit schlecht behandelt?
Wie und warum?

Welche Arten von Ängsten können in einer
Paarbeziehung aufkommen?

WAS SIND FÜNF SICHERE VORAUSSETZUNGEN FÜR
EINE DAUERHAFT GLÜCKLICHE PAARBEZIEHUNG?

Wer sorgt in Deiner Paarbeziehung
mehr für Dich, Du oder der/die andere?
Woran merkst Du das?

Welche drei Fragen würdest Du stellen,
um einen anderen Menschen besonders gut
kennenzulernen?

AUF WELCHE WEISE LERNT MAN EINEN ANDEREN MENSCHEN
BESONDERS GUT KENNEN?

Welche drei Dinge hast Du mit Deinem
Partner gemeinsam?

Suchst Du jemanden, der Dich blind versteht?

Woran erkennst Du eine/n
Seelenverwandte/n?

Wer ist Dein/e Seelenverwandte/r?

Woran merkst Du, dass Du von jemand anderem
emotional abhängig bist?

Wie gut kannst Du in emotionaler Abhängigkeit
von jemandem leben?

(Warum) Ist Unabhängigkeit eine Illusion?

Verlässt Du eher, oder wirst Du verlassen?
Oder bleibst Du?
Warum?

Was ist für Dich ein garantierter Grund dafür,
eine Beziehung zu beenden?

Wie beendest Du eine Beziehung?

Auf welche Weise würdest Du eine Beziehung
niemals beenden?

(WARUM) ZEIGT DIE ART,
WIE JEMAND EINE
BEZIEHUNG BEENDET,
DESSEN *Charakter?*

Was ist schlimmer, wenn Du gehst oder
wenn der/die andere geht? Warum?

Was hast Du von Deinen
einstigen Liebsten gelernt? Wie nutzt Du das Gelernte
für Deine neue Paarbeziehung?

Welche Deiner Verhaltensweisen schätzt
Dein/e Liebste/r am meisten?

Welche Verhaltensweisen Deiner/s Liebsten
schätzt Du am meisten?

Was könntest Du tun, um Deine Paarbeziehung
zu verbessern?

MIT WELCHEM MENSCHEN
WÜRDEST DU GERNE DEIN *Leben lang*
ZUSAMMEN BLEIBEN?

LIEBE

Wer bringt Dich dazu, Dich zu verlieben?

Was genau bringt Dich dazu,
Dich in jemanden zu verlieben?

Verliebst Du Dich eher in die Schönheit oder
in die Klugheit eines anderen?

Bist Du verliebt? Woran merkst Du das?

Was bedeutet Liebe auf den ersten Blick?

Was taugt die Liebe auf den ersten Blick?

Vertraust Du der Liebe auf den ersten Blick?
Warum (nicht)?

WIE ERFOLGREICH
HAST DU DICH
SCHON VON JEMANDEM
ZURÜCKGEZOGEN,
UM DABEI

Anlauf

ZU NEHMEN?

Schreibst Du Liebesbriefe?
An wen und warum?

Wer schreibt Dir die schönsten Liebesbriefe?

Von wem hättest Du gern mindestens
einen Liebesbrief?

WELCHEN LIEBESBEWEIS ERBRINGST DU
DEINEM/R GELIEBTEN?

Was hat Liebe mit Strategie zu tun?

(Wie) Gehst Du in der Liebe
strategisch vor?

(Wie) Hast Du schon einmal jemanden gezielt
in Dich verliebt gemacht?

(Wie) Gelingt es,
über eine Online-Dating-Plattform
die Liebe zu finden?

Bist Du ein eifersüchtiger Mensch?
Wenn ja, worin zeigt sich das?

Gehört zur Liebe eher das
Füreinander-Schlüssig-Sein oder das
Füreinander-Mysterium-Sein?
Warum?

Glaubst Du an Fairness in der Liebe? Warum?

Kann man seine Liebe auf zwei oder mehrere
Liebespartner verteilen? Wie geht das?

Ist es besser zu lieben oder geliebt zu werden?

GIBT IMMER EINE/R MEHR IN DER LIEBE? WARUM IST DAS SO?

Bist Du in einer Liebesbeziehung die Person,
die eher mehr gibt oder mehr nimmt? Warum?

Worin liegt der Vorteil,
in der Liebe mehr zu geben als zu nehmen?

Spürst Du in Dir
mehr Liebe oder mehr Aggression?

Gehören Liebe und Hass zusammen, oder schließen
Liebe und Hass einander aus?

WAS IST DIR LIEBER,
EINE **GEORDNETE** ODER EINE
chaotische LIEBESBEZIEHUNG?

Ist es ok, in der Gegenwart seines/r
Liebsten zu furzen?

Bedeutet Liebe, dass man einander alles sagen kann?

Bedeutet Liebe,
dass man einander alles sagt?

Bekommst Du Liebeskummer,
wenn Du weniger liebst oder wenn
der/die andere weniger liebt?

Welche Fehler aus Liebe kannst Du verzeihen?

„Ich stelle immer dieselbe Frage (werde ich geliebt?)",
bekennt welcher Autor in welchem Werk?

Zu welchen Menschen hast Du schon
„ich liebe Dich" gesagt?

Hast Du schon einmal gelogen,
wenn Du „ich liebe dich" gesagt hast?
Warum?

SOLLTE MAN ÖFTER ODER
seltener
„ICH LIEBE DICH" SAGEN? WARUM?

(Wie) Lässt Du Deinem/r Geliebten ihre/seine Freiheit?

Liebst Du einen Gegenstand, welchen?

Liebst Du einen Zustand, welchen?

WAS WAR DAS GRÖSSTE TABU, DAS DU IN DER LIEBE
GEBROCHEN HAST?

Bist Du eher anspruchsvoll oder anspruchslos
in der Liebe? Woran zeigt sich das?

Welche/n Menschen liebst Du uneingeschränkt?

Liebst Du Dich?

(Wie) Verändert sich Deine Persönlichkeit,
wenn Du liebst?

Fällt es Dir leichter, Dich selbst oder jemand
anderen zu lieben? Warum?

Was hat Liebe mit Selbstliebe zu tun?

Welchen Menschen liebst Du am allermeisten?

Was hat die Liebe mit dem Tod zu tun?

Wird die Liebe überschätzt?
Warum (nicht)?

Worüber sprichst Du, wenn Du über Liebe sprichst?

Was bedeutet wahre Liebe?

KENNST DU WAHRE LIEBE?
IN WELCHER FORM HAST DU SIE ERLEBT ODER
ERLEBST DU SIE?

Gibt es die wahre Liebe nur einmal oder öfter?

(Warum) Sollte in der Schule
die Kunst der Liebe gelehrt werden?

WAS IST *noch wichtiger* ALS LIEBE?

Welche/r Deiner Liebespartner/innen
hat Dich am meisten geprägt? Wie?

Ist jede neue Liebe wie ein neues Leben?
Welche Liebe wäre es nicht?

Was bedeutet es, „die Liebe gefunden" zu haben?

Wie lebt man Liebe?

Was hat Liebe mit Mut zu tun?

Wie mutig bist Du in der Liebe?

Was hält Liebende zusammen?

Wer schafft es, Dein Herz zu öffnen?

Wie bist Du, wenn Du Dich aus Liebe öffnest?

9
SEX

Wie lautet Dein bester Anmachspruch?

Machst Du bei einer amourösen
Begegnung meist den Anfang oder Dein Gegenüber?
Warum?

Was war Deine bisher schönste
Verführungstaktik?

Wen hast Du zuletzt verführt?

Nach welchen Kriterien entscheidest Du,
ob Du jemanden küssen möchtest?

MIT WEM WÜRDEST DU GERN
eine Nacht verbringen,
DANN ABER GOODBYE SAGEN?

Wozu sind One-Night-Stands gut?

Warum haben einige Menschen bei Vollmond (mehr)
Lust auf Sex?

Gibst Du beim Sex mehr oder nimmst
Du mehr? Warum?

Haben Egoisten oder Altruisten besseren Sex?
Warum?

Wie wurdest Du über Sex aufgeklärt?

Licht an oder Licht aus? Warum?

Zu welcher Musik hast Du
am liebsten Sex?

Morgens, mittags, abends oder nachts?

Was ist der schönste Ort, an dem Du je Sex hattest?

AN WELCHEM ORT WÜRDEST DU
GERN SEX HABEN?

An welchen außergewöhnlichen Orten
hattest Du bereits Sex?

Welches Parfum macht Dich an?

Welcher sexuelle Akt war für Dich bisher
am schönsten?

WELCHER

sexuelle Akt

WAR FÜR

DICH

BISHER AM

AUSSERGEWÖHNLICHSTEN?

IST ES DIR BEIM SEX WICHTIGER,
DEN ANDEREN ODER DICH SELBST SCHÖN ZU FINDEN?

Was an Deiner/m Sexpartner/in
macht Dich an?

Was an Dir macht Deine/n Sexpartner/in an?

Liegt Deine romantischste Liebesbegegnung
bereits hinter Dir, oder könnte sie noch kommen?

Wie oft bist schon Du schon eine Woche
im Bett geblieben,
um permanent Sex zu haben?

Wie viele Sexpartner hattest Du schon im Leben?
Zu viele oder zu wenige?

Mit wem hattest Du den besten Sex?

Was müsstest Du tun,
um diesen besten Sex nochmals zu erleben?

Was und von wem träumst Du,
wenn Du von Sex träumst?

Welche Sexfantasie
würdest Du nie jemandem erzählen?
Warum nicht?

Dein schönster Sextraum?

Lebst Du Deine Sexträume aus?
Warum (nicht)?

Mit wem sprichst Du über deine sexuellen Probleme
oder Wünsche?

(Worüber) Sprichst Du beim Sex?

IN WELCHER SPRACHE SOLLTE MAN
SICH BEIM *Sex* AUSTAUSCHEN?

Kennst Du Schuldgefühle beim Sex?
Wenn ja, warum
räumst Du sie nicht aus?

Kann Dir Sex auch Angst machen?
Warum?

GIBT ES AUSSER DER KÖRPERLICHEN
BERÜHRUNG ETWAS, DAS DICH
ZU EINEM *Orgasmus*
BRINGEN KÖNNTE?

Welche sexuellen Hemmungen hast Du?

Wie glaubst Du, könntest
Du Deine sexuellen
Hemmungen überwinden?

Hast Du schönere Orgasmen
alleine oder zu zweit? Woran liegt das?

Hast Du schon einmal einen Orgasmus gefaket? Wozu?

Woran denkst Du beim Orgasmus?

Musst Du, um einen Orgasmus zu bekommen,
an etwas anderes als das denken,
was gerade passiert?

Du erwischst Deine/n Partner/in
mit jemand anderem beim Sex im Bett.
Wie reagierst Du?

WEM WÜRDEST DU DEINE INTIMSTE SEXFANTASIE
ANVERTRAUEN?

Wie oft sollte man im Monat Sex haben?
Mit wem?

Was würde Dir an einer Ménage-à-trois gefallen?

Dein/e Partner/in wünscht sich einen Dreier.
(Warum) Lässt Du Dich darauf ein?

Wäre eine Dreierbeziehung
eher belastend oder inspirierend
für Dich? Warum?

Was interessiert Dich an Bisexualität?

Hattest Du schon Zuschauer beim Sex?

Reizt Dich Sex mit oder ohne Spiegel mehr?
Warum?

Würdest Du für 100 Euro Sex
mit einem attraktiven Mönch oder einer
attraktiven Nonne haben?

(Warum) Hattest Du schon einmal Sex gegen Geld?

Reizt Dich Sex mit einem Callboy oder Callgirl?
Warum?

(WIE SEHR) REIZT ES DICH, EINMAL FÜR EINEN TAG ALS *Callgirl* ODER *Callboy* ZU ARBEITEN?

Wie viel Geld müsste man Dir bieten,
um Sex mit einem Fremden zu haben?

Turnen Pornos Dich an?
Welche und was daran?

Welche Rolle würdest Du in einem Pornofilm spielen?

Was sind für Dich „versaute Spiele"?

Spielst Du oft und gern „versaute Spiele?"
Warum (nicht)?

Was ist Dein sexueller Fetisch?

Worin liegt der Reiz am Sex mit
einem/r Fremden?

Was ist an Macht sexy?

Kann Ohnmacht sexy sein? Warum (nicht)?

S ODER M?

Reizt Dich beim Sex
die Gefahr? Welche Art der Gefahr reizt Dich
am ehesten?

Welche gefährliche Situation hast Du
schon einmal beim Sex erlebt?

Gehören Sex und Liebe unbedingt zusammen?
Warum (nicht)?

Wie unterscheidet sich Sex mit Liebe von
Sex ohne Liebe?

Kann der Mensch ohne Sex leben? Warum (nicht)?

(Warum) Wird Sex überbewertet?

Was bedeutet Befriedigung?

10
KÖRPER

Wie häufig schaust Du in den Spiegel?

Was denkst Du über Leute,
die sich in Fensterscheiben am Straßenrand
oder in einer Bahn selbst betrachten?

WIE GELINGT
ES DIR,
DIR DEINEN

SPIEGEL

zum Freund

ZU MACHEN?

Welches Tattoo würdest Du Dir
wohin stechen lassen?

Wenn Du Dir ein Wort als Tattoo stechen lassen
müsstest, welches Wort wäre das?

Trocken- oder Nassrasur?

Was ist Dein schönstes Körperteil?

Welche Stelle Deines Körpers magst Du am wenigsten?

Welche Stelle Deines Körpers
magst Du am liebsten?

Welche Stelle Deines Körpers zeigst Du niemandem?

WO WIRST DU AM LIEBSTEN MASSIERT?

(Wem) Gibst Du gern Massagen?
Wie oft?

Welches Deiner Körperteile bereitet Dir die größten Probleme?

WELCHES DEINER KÖRPERTEILE BEREITET DIR DIE GRÖSSTE FREUDE?

Was wärst Du als Körperteil?

Was wäre für Dich schlimmer, nicht mehr sehen oder nicht mehr gehen zu können?

Was ist Dein wichtigstes Sinnesorgan?

Welcher körperliche Schmerz taucht am ehesten auf, wenn es Dir emotional schlecht geht?

Würdest Du Dir einen Chip ins Handgelenk pflanzen lassen, wenn er Dein Smartphone ersetzen könnte?

Eher „one apple a day" oder „one beer a day"?

(Womit) Hältst Du Dich gesund?

(Wie) Kann man die Seele über den Körper heilen?

(Wie) Kann man den Körper
über die Seele heilen?

WIE **SEXY** FÜHLST DU DICH
splitternackt?

Was bedeutet für Dich "sexiness"?

In welchen Momenten findest Du Dich sexy?

Warum verlassen Ärzt/e/innen den Raum,
während Du Dich ausziehst, obwohl sie Dich
dann sowieso nackt sehen?

WIRD DER KÖRPER
überbewertet ODER
UNTERSCHÄTZT?
WARUM?

(Warum) Glaubst Du an einen
Geist ohne Körper?

(Warum) Glaubst Du an Gefühle
jenseits eines Körpers?

Was sagt das Äußere eines Menschen über dessen
Charakter aus?

Was sagt Dein Körper über Dich aus?

Welchen Abschnitt Deines Körper hältst Du für am
gelungensten: Bauch, Beine oder Po?

Worauf stehst Du bei einer/m Fremden
spontan, auf Oberkörper, Beine oder Po?

Welche Sportart macht die schönsten Körper?

Einzel- oder Gruppensportler/in?

Verteidiger, Stürmer oder Torwart?

Welche Sportart betreibst Du am liebsten? Warum?

Beherrscht Du einen Kampfsport?
Warum (nicht)?

BETREIBST DU ALS MANN EINE FRAUENSPORTART ODER
ALS FRAU EINE MÄNNERSPORTART? WARUM?

Welche Sportart würdest Du gern
mehr betreiben?

Welche Sportart hättest Du lieber nicht betrieben?

Was wärst Du als Sportart?

Was wärst Du als Sportgerät?

Was ist für Dich die Königin der Sportarten?

Wen bewunderst Du für ihre/seine sportlichen
Leistungen am meisten? Warum?

Welchem Sportwettbewerb siehst Du am liebsten zu?
Warum diesem?

IN WELCHER SPORTART HAST DU
POKALE ERGATTERT?

Betreibst Du noch immer die Sportart/en,
die Du als Kind betrieben hast?

Welche Sportart muss man nicht lernen?

Wie ist es (wohl), eine Mannschaft zu trainieren?

WELCHEN TANZ
tanzt Du am liebsten?
WARUM DIESEN?

Was hat Tanzen mit Sex zu tun?

(Warum) Ist Denken ein Sport?

(Wie) Trainierst Du Dein Gedächtnis?

Welche Sportart sollte jeder betreiben?

EPILOG: FRAGEN ÜBER FRAGEN

DIE FRAGE IST DAS *Verlangen* DES DENKENS.

Maurice Blanchot
(*L´Entretien infini, 1969*)

Was macht eine wichtige Frage aus?

NENNE **DREI** RICHTIG *wichtige* FRAGEN.

Welche Frage hast Du zuletzt gestellt?
Wem und warum?

Wie gut kannst Du mit einer offenen Frage einschlafen?

Bist Du schon einmal mit einer Frage eingeschlafen
und wusstest beim Aufwachen die Antwort?

Wer oder was kann Fragen am besten beantworten?

Hilft das Internet dabei, die wichtigen Antworten
zu finden? Warum (nicht)?

Magst Du lieber offene oder geschlossene
Fragen? Warum?

Freust Du Dich oder nervt es Dich,
wenn Kinder viele Fragen stellen? Warum?

(Warum) Lernen Kinder in Schulen,
Antworten zu geben
und nicht Fragen zu stellen?

~

(WARUM) FÖRDERN
ERWACHSENE DAS NATÜRLICHE
Talent von Kindern,
FRAGEN ZU STELLEN, ZU WENIG?

~

Sollte man Kindern das Fragen oder das Antworten
beibringen? Warum?

Wer sollte in der Schule die Fragen stellen dürfen?

Wie können Erwachsene (wieder) lernen,
so wie Kinder Fragen zu stellen?

Wie erklärst Du einem Kind den Unterschied zwischen
richtigen und falschen Fragen?

GLAUBST DU AN FRAGEN ODER AN ANTWORTEN?
WARUM?

Ist das Stellen von Fragen ein Zeichen von Stärke
oder von Schwäche? Warum?

Welcher von Dir bewunderten Person
würdest Du gern welche Frage stellen?

Wie lautet die wohl berühmteste Frage in
Deiner Sprache?

Was ist die schönste Frage,
die Dir je jemand gestellt hat?

WAS IST DIE

schönste Frage

DER WELT?

Worin liegt die Kraft des Fragens?

Sind Fragen wertvoller als Antworten? Warum?

Welche Frage bekommst Du am allerliebsten gestellt?

Wozu sind Fragen da?

Wie findet man die richtige Antwort?

Ist es im Leben wichtiger, die Antwort zu wissen,
oder (irgend-)eine Antwort parat zu haben?

Bevorzugst Du es, die Antwort zu kennen,
bevor Du eine Frage stellst? Warum?

WAS KANN EINE FRAGE BEWIRKEN?

Wie könnte man die Kunst des Fragens
in der Politik oder in Unternehmen
gewinnbringend einsetzen?

Welche Fragen könnten Menschen
den Weg zu einem besseren und erfüllenderen
Miteinander ebnen?

Was könnte Menschen dazu veranlassen,
mit dem Fragen aufzuhören?

Was könnte Dich dazu veranlassen,
mit dem Fragen aufzuhören?

WIE LAUTET DIE *Ur-Frage,* DIE FRAGE ALLER FRAGEN?

Welche philosophische Frage
beschäftigt Dich am meisten?

Über welche philosophische Frage sollte jeder Mensch
sich Gedanken machen?

Wer ist der/die beste Fragensteller/in,
die Du kennst?

WEM STELLST DU AM LIEBSTEN FRAGEN?
WARUM?

Mit welcher Frage würde jemand Deinen wundesten
Punkt direkt ansprechen?

Wem würdest Du diese Frage verraten?

(Warum) Ist eine Antwort nötig?

Wie fühlst Du Dich nach diesem
Fragenmarathon?

Welche Frage hat Dir von allen am besten gefallen?
Warum?

Bei welcher/n Frage/n
musstest Du besonders lange
nachdenken?

Welche Frage fehlt Dir?

Welche letzte Frage möchtest Du Dir stellen?

Und jetzt?

Um die ganze Welt des
GOLDMANN-*Sachbuch*-Programms
kennenzulernen, besuchen Sie uns doch
im Internet unter:

www.goldmann-verlag.de

Dort können Sie
nach weiteren interessanten Büchern *stöbern*,
Näheres über unsere *Autoren* erfahren,
in *Leseproben* blättern, alle *Termine* zu Lesungen und
Events finden und den *Newsletter* mit interessanten
Neuigkeiten, Gewinnspielen etc. abonnieren.

Ein *Gesamtverzeichnis* aller Goldmann Bücher finden
Sie dort ebenfalls.

Sehen Sie sich auch unsere *Videos* auf YouTube an und
werden Sie ein *Facebook*-Fan des Goldmann Verlags!